Nora Imlau

Meine Grenze ist dein Halt

Nora Imlau

Meine Grenze ist dein Halt

Kindern liebevoll Stopp sagen

BELTZ

MIX
Papier | Fördert gute Waldnutzung
FSC® C089473

Dieses Buch ist erhältlich als:
ISBN 978-3-407-86742-1 Print
ISBN 978-3-407-86743-8 E-Book (EPUB)

8. Auflage 2025

Werderstraße 10, 69469 Weinheim
service@beltz.de

Dieses Werk wurde vermittelt durch Agentur Brauer
Lektorat: Katharina Theml, Büro Z, Wiesbaden/Petra Dorn
Umschlaggestaltung: anjagrimmgestaltung.de
Bildnachweis: © DEEPOL by plainpicture

Herstellung: Sarah Veith
Satz: Publikations Atelier, Dreieich
Layout: anjagrimmgestaltung.de
Druck und Bindung: Beltz Grafische Betriebe, Bad Langensalza
Beltz Grafische Betriebe ist ein Unternehmen mit finanziellem Klimabeitrag (ID 15985-2104-1001).
Printed in Germany

Weitere Informationen zu unseren Autor:innen und Titeln finden Sie unter: www.beltz.de

Für Fritzi,
die alle irdischen Grenzen
hinter sich gelassen hat.
Und für ihre Familie,
die ihre eigenen Grenzen
ausweitete, um ihrer kleinen Hummel
ein glückliches, selbstbestimmtes
Leben zu ermöglichen.

Inhalt

12. KAPITEL

Grenzen ohne Druck und Strafen 163

Zum Schluss: Nein aus Liebe 183

Vorwort

- *»Nein, du darfst dein Plüschnashorn nicht mit in die Badewanne nehmen.«*
- *»Doch, Zähneputzen muss sein.«*
- *»Hör sofort auf, deinem Bruder Sand über den Kopf zu werfen!«*
- *»Stopp, hier ist eine Straße!«*
- *»Doch, du musst zur Schule gehen.«*
- *»Nein, ich lese jetzt nicht noch eine Geschichte vor. Nein, auch keine ganz kurze.«*

All diese Sätze habe ich in den letzten 24 Stunden gesagt, und sicherlich noch sehr viel mehr »Neins« und »Stopps« und »Hör sofort auf!«. Als Mutter von vier Kindern zwischen zwei und fünfzehn Jahren gehört das Markieren und Durchsetzen klarer Grenzen zu meinem Alltag, allein schon aus Selbstschutz: Würde ich allen meinen Kindern nicht regelmäßig in aller Deutlichkeit Einhalt gebieten, wäre ich garantiert nicht mehr gesund. Denn insbesondere kleine Kinder brauchen und brauchen und brauchen und fordern und fordern und fordern uns Eltern ja oft quasi pausenlos. Wer da nicht irgendwann die Reißlinie zieht, landet irgendwann im Eltern-Burnout, erschöpft und verzweifelt. Das weiß ich nicht nur aus schlauen

Büchern, sondern auch aus eigener Erfahrung. Denn klar meine Grenzen zu erkennen und zu wahren ist nichts, was mir leichtfällt oder was ich schon immer konnte. Im Gegenteil. Wie unzählige andere Mütter bin auch ich voll in die Falle getappt, in die so viele Eltern tappen, die mit ihren Kindern besonders freundlich, sanft und liebevoll umgehen wollen: Ich orientierte meine »bedürfnisorientierte Elternschaft« einzig an den Bedürfnissen meiner Kinder. Und stellte meine eigenen Bedürfnisse dafür immer weiter zurück. Meine Kinder waren schließlich noch klein, und ich war doch schon groß – da würde ich mich ja wohl für eine gewisse Zeit selbst hinten anstellen können.

Klar gab es auch bei uns Grenzen: Das Zähneputzen morgens und abends war nicht verhandelbar, Hauen war verboten, und wer zur Wohnungstür hereinkam, zog die Schuhe aus. Doch meine eigenen, persönlichen Grenzen nahm ich in diesen Jahren oft kaum noch wahr. »Nein« sagte ich so selten wie möglich und nur im Notfall. Meine Kinder sollten schließlich spüren, dass ich aus ganzem Herzen Ja zu ihnen sage, mit allem, was sie sind. Fest verbunden sollten wir miteinander sein, grenzenlos vertrauensvoll und vertraut. Nie sollten meine Kinder sich von mir zurückgewiesen fühlen. Immer wollte ich für sie da sein. Koste es, was es wolle.

Um es kurz zu machen: Es kostete viel. Denn vor lauter Liebe und hohen Idealen verlor ich aus dem Blick, dass Fürsorge ohne Selbstfürsorge den direkten Weg in die Überforderung bahnt.

»Ich glaube, Sie müssen lernen, Grenzen zu setzen«, sagte die Psychologin in der Familienberatungsstelle zu mir. »Aus einem leeren Krug kann man nicht schöpfen.«

Das Krug-Bild fand ich tatsächlich hilfreich: Wie sollte ich meinen Kindern geben, was sie brauchten, wenn ich selbst vollkommen leer war? Den Grenzen-Ratschlag lehnte ich trotzdem ab. Denn ich wusste ja, was in all den Erziehungsbüchern zum Thema »Grenzen setzen« geraten wird: streng sein, hart bleiben, bloß nicht einknicken. Regeln, Strafen, Konsequenzen. Du musst ihnen zeigen, wer der Boss ist. Wer nicht hören will, muss fühlen. Kinder brauchen Grenzen, sonst werden sie zu Tyrannen!

Nein, danke, dachte ich. Nicht mit mir. Ich werde mir nicht die gute Beziehung zu meinen Kindern mit Grenzen versauen, nur weil ich so müde bin.

Es dauerte noch einige Jahre, bis ich für mich aufgedröselt hatte, dass Grenzen weder hart noch streng sein müssen und dass sie zu wahren nicht automatisch Gewalt bedeutet, sondern vor allem: wohltuende Klarheit. Und zwar sowohl für mich als auch für meine Kinder.

Wie also geht das ganz konkret: Die eigenen Grenzen spüren und wahren lernen, ohne dabei übergriffig, fies und gemein zu werden? Wie kann ein liebevoller, zugewandter Umgang mit persönlichen Grenzen aussehen, und zwar sowohl mit unseren eigenen als auch mit denen unserer Kinder? Das erkläre ich in diesem Buch, in der ehrlichen Hoffnung, dass andere Familien vielleicht nicht jahrelang an der völligen Überlastungsgrenze entlangschlittern müssen, um zu lernen, was ich selbst viel zu spät gelernt habe: dass die liebevollste Antwort in einer Beziehung kein bedingungsloses Ja sein muss. Sie kann auch ein klares, freundliches Nein sein.

Die Idee dazu kam mir, nachdem ich während der Corona-Pandemie relativ spontan einen Onlineworkshop zum Thema »Liebevoll Grenzen wahren« angeboten hatte. Die Nachfrage war überwältigend, die Rückmeldungen auch: »Endlich schaffe ich es, meine Grenzen wahrzunehmen und zu wahren, bevor sie von meinen Kindern mal wieder niedergetrampelt wurden und ich die Schreimutter bin, die ich nie sein wollte«, schrieb mir eine Teilnehmerin. Eine andere meinte, sie habe zum ersten Mal verstanden, was das konkret heiße: den Frust eines wütenden Kindes anzunehmen und zu begleiten, ohne dabei die eigenen Grenzen zu überschreiten.

Da wurde mir klar: Es braucht ein Buch übers Grenzenspüren und Grenzenwahren, geschrieben für eine Elterngeneration, die mehr als jede zuvor die Bedürfnisse ihrer Kinder im Blick hat und sich gerade deshalb manchmal schwer damit tut, den eigenen Bedürfnissen den Raum zu geben, den sie verdienen. Ist es dazu nötig, ständig Nein zu sagen? Immer wieder das Wort Stopp in den Mund zu nehmen? Selbstverständlich nicht: Es gibt viele Wege, Bedürfnisse miteinander in Einklang zu bringen, und weich und nachgiebig zu sein hat im zugewandten Familienleben seinen berechtigten Platz. Doch wenn schützende Grenzen in unserer Familie für alle gelten sollen, müssen wir unsere Angst vor dem machtvollen Wort Nein, verlieren, das unsere Kinder meist mit größter Selbstverständlichkeit und Entschiedenheit benutzen, wenn ihnen etwas gegen den Strich geht. Trotzdem haderte ich etwas mit meinem Verlag, als wir den Untertitel dieses Buches diskutierten: Kindern liebevoll Stopp sagen. Muss das Neinsagen wirklich so im Vordergrund stehen? Ist Grenzen wahren nicht so viel mehr als das? Ist es natürlich. Doch am Schluss hat mich überzeugt, dass wir – gerade als Eltern – oft erst unser klares, ehrliches Nein entdecken müssen, um auch ehrlich und von Herzen Ja sagen zu können: zu unseren Kindern und unserem gemeinsamen Leben und zu den Bedürfnissen und Wünschen, die uns darin begegnen. Unser Stopp oder Nein muss jedoch nicht hart, unnachgiebig und streng sein, um seine Wirkung zu entfalten. Es kann auch ganz freundlich, warm und vertrauensvoll daherkommen. Ein Stopp, das keine Angst macht, das niemanden abwertet, von dem sich keiner abgewiesen fühlen muss. **Ein verbindendes, liebevolles, klares Nein – den Weg dahin aufzuzeigen ist mein Ziel in diesem Buch.**

Nora Imlau

1. KAPITEL

Willkommen an meinem Gartenzaun!

Als ich das erste Mal in meinem Leben bewusst von einer Grenze hörte, war ich sechs Jahre alt und sah im Fernsehen, wie die Berliner Mauer fiel. Menschen jubelten und lagen sich in den Armen. »Endlich trennt dieses Land keine Grenze mehr«, tönte es aus dem Apparat. »Jetzt wächst zusammen, was zusammen gehört.« Manchmal frage ich mich, ob das Unwohlsein, das ich insbesondere bei deutschsprachigen Eltern oft im Zusammenhang mit Grenzen wahrnehme, mit einer sprachlichen Ungenauigkeit beginnt: Wir sprechen von Grenzen, wenn wir Ländergrenzen meinen. Und verwenden denselben Begriff für unsere persönlichen, emotionalen und körperlichen Grenzen. In anderen Sprachen ist das nicht so. Im Englischen etwa wird klar zwischen »borders«, also Landesgrenzen, und »boundaries«, also Grenzen im zwischenmenschlichen Miteinander, unterschieden. Für frühere Elterngenerationen mag das ziemlich egal gewesen sein. Doch wir sind eine Elterngeneration, die politisch wie gesellschaftlich mit dem Credo offener Grenzen aufgewachsen ist: Wir feiern das Reisen ohne Passkontrollen innerhalb Europas und fanden es richtig und wichtig, dass Angela Merkel

2015 entschied, dass unsere Grenzen für Geflüchtete geöffnet bleiben. Geschlossene Grenzen, die klar gewahrt und im Zweifelsfall auch verteidigt werden, wecken bei uns hingegen schlimme Assoziationen: an Grenzsoldaten und Mauertote in Berlin, an Trumps gigantische Mauer, mittels derer er die USA vor illegaler Einwanderung aus Mexiko schützen wollte, und natürlich das Elend und Sterben Geflüchteter an der Außengrenze der Europäischen Union. Ich nehme mich davon nicht aus: Wenn ich in irgendeinem Elternratgeber mal wieder lese, Eltern müssten bei Grenzverletzungen einfach mal konsequent durchgreifen, damit das Kind merkt, dass es so nicht durchkommt, denke ich an einen Bericht von Amnesty International über die Einsatzkräfte der EU-Grenzschutzbehörde Frontex, die in Trainings lernen, wie sie Boote voller Flüchtender auf dem Mittelmeer effektiv in ihre Heimatländer zurückdrängen: indem sie ihnen Nahrung und Treibstoff wegnehmen. Auch zu Abschreckungszwecken. Damit sie merken, dass sie so nicht durchkommen.

Was zeigt: Dass wir für geografische und politische Grenzen denselben Begriff verwenden wie für Grenzziehungen im Umgang mit Kindern, ist nicht so ein Zufall, wie es zunächst vielleicht scheint. Es zeigt vielmehr, dass das Wahren und Verteidigen von Grenzen in unserer Gesellschaft von jeher mit Machtdemonstrationen und Gewalt verknüpft ist. Dass es ohne Härte nicht geht, ist eine Überzeugung, die sich über Generationen tief in unser Wesen eingebrannt hat. Und genau dieses Erbe macht es uns heute so schwer, neu über Grenzen nachzudenken.

Denn sanfte, weiche, liebevolle Grenzen sind nichts, was wir kennen. Wir haben kein Bild davon im Kopf und kein Rollenmodell dazu vor Augen. Was wir kennen, sind Grenzen, die wehtun müssen, weil sie sonst nicht wirken. Die auf Abschreckung und

Angst basieren. »Wir können uns nicht von Kinderaugen erpressen lassen«, fasste der AfD-Politiker Alexander Gauland diese Notwendigkeit emotionaler Härte einmal zusammen, als er dafür plädierte, keine Geflüchteten mehr ins Land zu lassen. Nahezu dieselbe Aussage findet sich in unzähligen Erziehungsratgebern: Eltern dürften sich bloß nicht von Kindertränen erweichen lassen oder anderweitig Schwäche zeigen. Wer nachgibt, hat verloren.

Ich bin unglaublich froh darüber, dass immer mehr Eltern diesen Unsinn hinterfragen. Und nicht mehr bereit sind, ihre Kinder um deren Folgsamkeit willen einzuschüchtern. Ja, ich plädiere sogar explizit dafür, die autoritär geprägte Vorstellung des Grenzen-setzen-Müssens loszulassen und stattdessen Raum zu schaffen für ein Miteinander, das die Bedürfnisse aller in den Blick nimmt, statt stumpf zu bestimmen und zu strafen. Doch die große Schwierigkeit dabei ist: All das Zugewandte, Liebevolle, Verbindende, was wir uns für ein modernes Familienleben auf Augenhöhe wünschen, funktioniert nicht, wenn wir mit dem Grenzen-setzen-Müssen die Grenzen selbst gleich mit einmotten. **Denn jenseits aller autoritären Machtdemonstration sind Grenzen etwas Urmenschliches, das jede und jeder von uns braucht, um gut leben zu können.** Wir müssen nur erst wieder lernen, unsere Grenzen losgelöst von der langen Geschichte gewaltvoller Grenzverteidigungen zu betrachten. Und Wege finden, sie aufzuzeigen und zu wahren, ohne dabei die alten autoritären Muster zu reproduzieren. Das ist nicht leicht. Aber es geht. Fangen wir gleich damit an.

Wo du aufhörst und ich beginne

Dass sich in Erziehungsdiskussionen oft zwei Fronten schier unversöhnlich gegenüberstehen, hat nicht nur mit unterschiedlichen Einstellungen zu tun. Sondern auch mit unklaren Definitionen. So können wir endlos darüber streiten, ob Strafen und Konsequenzen dasselbe sind oder ob Erziehung grundsätzlich Gewalt ist oder nicht – einigen wir uns nicht vorher darauf, worüber genau wir eigentlich sprechen, wird der Austausch darüber so unproduktiv wie frustrierend sein. Sprechen wir also darüber, was wir eigentlich meinen, wenn wir über Grenzen reden. Über Regeln? Über Gesetze? Über Strafen?

Nein. **In diesem Buch geht es um Grenzen im psychologischen Sinne. Also im Grunde genommen um die Frage: Wo höre ich auf und wo fängst du an?** Versuchen wir deshalb zunächst einmal, all unsere inneren Bilder von Schranken, Mauern und Grenzsoldaten beiseitezuschieben und an eine viel basalere Form von Grenzen zu denken: An die äußere Hülle, die jedes Lebewesen umgibt und die es überhaupt erst existieren lässt. Jede Pflanze, jedes Tier und jeder Mensch wird von einer solchen Membran, die die Grenze zwischen dem Lebewesen und seiner Umwelt markiert, zusammengehalten. Bei uns Menschen ist das unsere Haut, bei Bäumen die Rinde und die äußerste Schicht ihrer Blätter, bei Tieren besteht die physische Barriere zwischen ihnen und der Außenwelt teilweise aus Schuppen, Federn oder Fell. Alle haben wir jedoch gemeinsam, dass wir auseinanderfallen würden, gäbe es nicht eine biologische Struktur, die unser Innerstes zusammenhält. Das ist unsere Grenze. Sie hat nichts Feindliches oder Gewaltvolles an sich, sie ist einfach da, damit wir da sein können. Und alle Wesen um uns herum haben eine ebensolche Grenze, damit sie da sein können, und damit wir sie wahrnehmen können. Dass sie eine sichtbare, spürbare Hülle haben, ermöglicht uns erst, sie zu schützen. Wir sehen den Käfer – und treten nicht drauf. Verletzen wir hingegen die Hülle, die ein Lebewesen umgibt, können die Folgen gravierend sein. Ist die Verletzung nur leicht, kann sie vielleicht heilen. Ist sie schwer, kann sie den Tod bedeuten. **Eine intakte Außengrenze hingegen schützt auch das Innere eines jeden Lebewesens.** Und weil schützende Grenzen so wichtig sind, verfügt unser Körper nicht nur über eine davon. Sondern über unzählige. Unsere Nerven sind ebenso von einer schützenden Membran umhüllt wie unsere Knochen und unsere Organe. Schutzschicht um Schutzschicht reiht sich in unserem Inneren aneinander, um unser Überleben zu sichern. Manche dieser Grenzen können wir sehen und anfassen, andere wirken im Verborgenen. Doch sie alle sind wichtig dafür, dass es uns gut gehen kann.

So ist das bei jedem Organismus: Schützende Grenzen sind lebensnotwendig. Und das gilt nicht nur für unseren Körper. Auch unsere Seele braucht Sicherheit und Schutz. Auch dafür sind Mechanismen in uns angelegt. Etwa unser internalisierter Abstandsmesser: Treffen wir beim Einkaufen jemanden, den wir kennen, und unterhalten uns einen Moment, stehen wir dabei automatisch etwa eine Armlänge entfernt voneinander. Dieser unbewusst eingenommene Abstand markiert unsere sogenannte Komfortzone: Bis dahin darf sich uns jemand nähern, danach wird's unangenehm. Wie die meisten Grenzen ist auch diese Grenze nicht starr, sondern beweglich und flexibel je nach Situation: Meine beste Freundin darf mir näher kommen als mein Nachbar, und mein Kind noch mal näher. Doch dass unsere Komfortzone mal enger und mal weiter gesteckt ist, ändert nichts daran, dass es sie gibt, und dass sie immensen Einfluss auf unser Wohlergehen hat. Dringt jemand in unsere

Meine
Grenzen
machen
mich
zu mir.

Komfortzone ein, fühlt sich das nicht nur unangenehm, sondern zum Teil sogar regelrecht bedrohlich an. Aber auch ein zu großer Abstand kann emotional schwierig sein, verbinden wir ihn doch oft unbewusst mit Zurückweisung und Ablehnung unserer Person. Deshalb fiel es vielen Menschen während der Corona-Pandemie auch so schwer, sich an den empfohlenen Sicherheitsabstand von anderthalb Metern auch bei privaten Zusammenkünften zu halten. Wann immer ich eine meiner Freundinnen in dieser Zeit beim Spazierengehen traf, gingen wir aufeinander zu wie sonst immer, traten dann wieder einen Schritt zurück, versuchten, den gebotenen Abstand einzuhalten, uns aber trotzdem zu unterhalten, und standen am Ende doch wieder enger beieinander, ohne dass wir bewusst zusammengerückt wären. Der Grund: Es ist tief in unserer Psyche angelegt, emotionale Nähe auch durch das subtile Erweitern und Verengen unseres Komfortbereichs zu erspüren. **Wir zeigen Menschen, wie vertraut wir mit ihnen sind, indem wir sie an uns herankommen lassen.** So liegt für jedes Gegenüber unsere Grenze woanders – und verändert sich mit der Beziehung, die wir zueinander haben.

Neben unserer fluiden Komfortzone haben wir noch viele andere unsichtbare Grenzen. Sie sind individuell verschieden und von unseren Bedürfnissen und Prägungen, von Glauben und Moral, auch von Traumata und anderen schlimmen Erfahrungen geformt. Wir haben eine persönliche Leistungs- und Belastungsgrenze, eine Schamgrenze, kognitive und emotionale Grenzen. Und sie alle machen uns aus als die Menschen, die wir sind: Ein definiertes Gegenüber mit einer sichtbaren und spürbaren Außenhülle und vielen verschiedenen Schutzschichten in uns drin und um uns herum, die alle zusammen eine Aufgabe haben: uns am Leben zu erhalten und zu beschützen. **Unsere Grenzen machen uns zu uns selbst.**

Es ist ganz normal, dass sich mit dem Elternwerden unsere Grenzen verändern. Viele Eltern beschreiben, dass sie sich nach der Geburt so eins mit ihrem Kind gefühlt haben, dass da irgendwie gar keine Grenzen mehr waren. Ihr Kind war sie, und sie waren ihr Kind.

Anderen bleibt ihr Baby zunächst seltsam fremd, und sie schämen sich und fühlen sich schlecht aufgrund der Grenze, die sie da spüren und die doch zwischen Eltern und ihrem Kind nicht da sein sollte, oder?

Tatsächlich sind beide Phänomene weder ungewöhnlich noch besorgniserregend: Dass manche Eltern mit ihren kleinen Kindern gefühlt verschmelzen und andere erst nach und nach eine Verbindung miteinander aufbauen ist vielmehr Teil des menschlichen Entwicklungsplans, der viele unterschiedliche Schritte und Wege hin zu einer gelingenden Eltern-Kind-Beziehung vorsieht. Oft ist es auch bei einem Elternteil so, und beim anderen Elternteil anders. Auch das ist ganz normal.

Bei mir selbst hatte das Gefühl des »Einsseins« mit meinen Babys eine ganz körperliche Komponente: Weil sie während meiner Schwangerschaften ja tatsächlich in mir gelebt hatten, empfand ich sie auch nach der Geburt erst einmal noch als quasi ausgelagerten Teil von mir. Schließlich hatte ich monatelang Tag und Nacht in mir ihr Strampeln und Kicken gespürt, hatte sie geboren und auf mir gespürt, als ihre Nabelschnur noch in meinen Körper führte, und war nun ihr Zuhause und ihre Lebensversicherung zugleich – zumindest fühlte sich das so an. Und ja, natürlich haben meine Kinder auch einen Vater, und natürlich konnte und durfte und sollte er genauso für sie sorgen und tat das auch von Anfang an, doch emotional waren meine Babys für mich meine Babys, und es gab keine Grenzen für mich zwischen ihnen und mir und nichts, was uns hätte trennen können. Ich beschreibe dieses Gefühl nicht, um es zum Universalstandard zu erklären, sondern einfach nur, um an meinem eigenen Beispiel aufzuzeigen, dass ein Kind auszutragen und zu gebären eine körperliche wie seelische Grenzerfahrung ist, aus der ein Gefühl des völligen Verlusts aller Grenzen gegenüber diesem Kind erwachsen kann (nicht: muss!), und dass das kein Grund zur Sorge ist. Ja, es gibt sogar Hinweise darauf, dass diese emotionale Durchlässigkeit und gefühlte Grenzenlosigkeit junger Eltern hormonell begünstigt wird, kann doch in ihrer beider Blut nach der Geburt ein stark erhöhtes Level des Hormons Prolaktin gemessen werden, das Menschen besonders fürsorglich, aber auch aufopferungsvoll macht und das dazu führt, dass wir leicht und oft, ohne es zu merken, über unsere eigenen Grenzen gehen. Aus evolutionärer Sicht ist das wohl ein Erfolgsrezept: Das Baby bekommt, was es braucht, und wir merken gar nicht, wie viel wir dabei geben.

Eine gewisse Zeit lang muss das also gar keine schlechte Strategie sein, diese geradezu symbiotische Verbindung zwischen Eltern und ihrem ganz kleinen Kind. Nur: Wie lang darf diese gewisse Zeit andauern? Es ist kein Wunder, dass wir uns schwertun, auf diese Frage eine angemessene Antwort zu finden. Denn die Botschaften, denen wir diesbezüglich ausgesetzt sind, könnten widersprüchlicher nicht sein. Den Tenor der Erziehungstipps, die jungen Eltern – und insbesondere: jungen Müttern – so begegnen, könnte man dabei ungefähr so zusammenfassen: Opfere dich auf – aber verwöhne dabei bloß nicht dein Kind!

Das hat zum einen mit der Geschichte der Erziehung in unserer Kultur zu tun. Und zum anderen mit einem modernen Missverständnis, die bedürfnisorientierte Elternschaft betreffend. Ich will das ganz kurz an einem Beispiel erklären: Wenn ein Baby weint, macht uns das Stress. Wir wollen, dass das Weinen aufhört. Und haben gleichzeitig mehrere Stimmen in unserem Kopf, die uns sagen, was jetzt zu tun ist. Manche kommen aus unserer eigenen Biografie, andere aus den kollektiven Erziehungsvorstellungen unserer Gesellschaft, wieder andere haben wir vielleicht in Büchern aufgeschnappt oder im Internet. Unsere biografische Stimme sagt vielleicht: Tröste dein Baby, aber nimm es dabei nicht hoch. Genau, sagt die von zweihundert Jahren Erziehungsgeschichte geprägte Stimme, das Kleine muss schließlich lernen, sich selbst zu beruhigen. Das kann es nicht, wenn du es immer hoch nimmst. Quatsch, sagt die Stimme einer Bindungs-Influencerin auf Instagram. Nimm dein Baby hoch, und lass es nie mehr los. Babys brauchen Nähe, immer. So kommt es, dass Eltern oft das Gefühl haben, sich ganz grundsätzlich zwischen zwei Wegen entscheiden zu müssen: dem alten, harten oder dem neuen, liebevollen. **Das Problem dabei: Während beim klassischen Erziehen kindliche Bedürfnisse oft ignoriert werden und deswegen langfristig unerfüllt bleiben, passiert beim neuen, sanften, liebevollen Elternsein oft dasselbe mit den elterlichen Bedürfnissen.** Denn so richtig es zweifelsohne ist, Babys nicht schreien zu lassen und Kinder zugewandt zu begleiten, so leicht rutschen Familien dabei in die Falle, sich nur noch an den kindlichen Bedürfnissen zu orientieren – und zwar viele Jahre lang. Denn aus einem neugeborenen Baby wird irgendwann ein weinendes Kleinkind, und aus einem weinenden Kleinkind ein weinendes Kindergartenkind, und aus einem weinenden Kindergartenkind ein weinendes Schulkind. Wenn ich mir nun aber als junge Mutter den Eid geschworen habe, mein Kleines niemals weinen zu lassen – was bedeutet das dann, wenn mein Kind größer wird? Kündige ich diesen Deal auf, sobald mein Kind eins wird oder zwei? Gilt der Welpenschutz bis zum Kindergarten? Und sind die Tränen eines Grundschulkindes wirklich weniger gewichtig als die eines Neugeborenen?

Was ich in vielen Familien beobachte, ist, dass Eltern sich in den ersten Monaten mit ihrem Baby völlig dessen Bedürfnisbefriedigung verschreiben und sich daran so gewöhnen, dass sie einfach damit weitermachen. Weil es sich gut anfühlt, weil es Konflikte vermeidet, weil es ihr Kind augenscheinlich zufrieden macht. Und dann kommen sie aus der Nummer irgendwie nicht mehr heraus. Wie auch? Es fühlt sich schrecklich an, ein Kind weinen zu lassen, egal, ob es drei Monate oder drei Jahre alt ist. Und wollten wir dieses Weinenlassen, diesen fiesen Überrest der üblen Nazipädagogik, nicht ohnehin komplett abschaffen?

Nur: Wenn ich nicht will, dass mein Dreijähriges jemals weint, habe ich irgendwann ein Problem. Zumindest, wenn ich ein eher willensstarkes Dreijähriges mit starken Bedürfnissen habe, die es lautstark kundtut. Das darf es natürlich, das soll es sogar. Es ist aber unvermeidlich, dass seine Bedürfnisse auch mal im Widerspruch zu meinen eigenen stehen. Und dann? Wie viel Frust darf ich einem Kind in welchem Alter zumuten, und aus welchen Gründen? Wann ist es egoistisch, an mich zu denken, und wann unbedingt notwendig? Darf ich mit dem Grenzenwahren erst anfangen, wenn mein Kind diese Grenzen auch verstehen kann? Und wenn ja, wann ist das? Fragen wie diese erreichen mich beinahe jeden Tag, und hinter jeder von ihnen steht ein großer Leidensdruck, den ich mir so erkläre, dass immer mehr Eltern mit großer Überzeugung und viel Elan ins Projekt bindungsorientierte Elternschaft starten – und dann irgendwann mit Erschrecken feststellen, dass da irgendwas nicht funktioniert. Weil sich eben nicht jeder Konflikt sanft und geduldig und auf Augenhöhe lösen lässt. Weil manchmal Bedürfnis gegen Bedürfnis steht. Und weil viele der sanften, bedürfnisorientierten Ikonen sich nur allzu gern darüber ausschweigen, was Eltern in Konfliktsituationen konkret tun können. Ich weiß das, weil ich selbst oft genug gegen diese Wand gerannt bin. Als ich mit meinen eigenen sehr durchsetzungsstarken Kindern in den einschlägigen Büchern und Blogs nach Wegen suchte, auch selbst einmal wieder Luft holen zu können, fand ich zwar viele warme Worte, die mich zu einer gemütlichen Tasse Tee und einem gelegentlichen Schaumbad zur Selbstfürsorge ermutigten. Doch was ich ganz konkret tun kann, wenn ich mir auf dem Spielplatz fast die Füße abfriere und mein Kind allen freundlichen Bitten zum Trotz partout nicht nach Hause will – das konnte mir niemand sagen. Heute weiß ich, wieso.

Es ist so viel leichter und schöner und angenehmer, über Liebe und Vertrauen und Verbindung im Elternsein zu schreiben als über Durchsetzen, Grenzen und Macht. Umso wichtiger finde ich, es trotzdem zu tun und ganz konkret darüber zu sprechen, was in der bindungsorientierten Elternschaft, wie sie heute vielfach vorgelebt und verstanden wird, sehr häufig fehlt: klare Grenzen und der Mut, sie zu vertreten. Und zwar nicht nur, wenn alle happy damit sind, sondern auch gegen heftige Widerstände.

Menschen brauchen Grenzen

Kinder brauchen Grenzen lautet der Titel eines Erziehungsbestsellers aus den 1990er-Jahren. Viele unserer eigenen Eltern haben ihn gelesen, als wir klein waren. Das Buch ist keins dieser grausamen Gruselschinken, die zum Ignorieren und Schreienlassen auffordern. Stattdessen schreibt Rogge viel über Vertrauen, Verbindung und Verständnis. Seine Sprache ist nett und freundlich, Kinder sind bei ihm keine Tyrannen, nur ein bisschen unfähig und eben auf der Suche nach Orientierung. Die »Grenzen«, die Kinder seiner Ansicht nach brauchen, sind trotzdem nichts anderes als die typischen Konsequenzen, die Eltern noch heute oft als Strafenersatz angeraten werden, um Kinder dazu zu bringen, zu tun, was sie sagen. Die Klassiker eben: Wenn du jetzt noch trödelst, ist leider keine Zeit mehr zum Vorlesen. Wer keine Zähne putzt, darf leider auch keine Schokolade essen. Ohne Hausaufgaben keine Medienzeit. Ohne Brokkoli kein Nachtisch. Was so sanft daherkommt, ist in Wirklichkeit nichts anderes als Erpressung in freundlichem Gewand. Das sollten also die modernen, freundlichen Grenzen statt der alten, autoritären sein. Was für eine Mogelpackung! Um es ganz klar zu sagen: Um diese Art Grenzen geht es in diesem Buch nicht. **Kinder unter Druck zu setzen, damit sie tun, was wir wollen, ist für mich nicht mit einer den Grundwerten zugewandten Elternschaft vereinbar.** Genauso wenig übrigens wie die Grundannahme, es seien ausgerechnet die Kinder, die Grenzen brauchten. Dieser Satz wird Eltern ja immer wieder vor den Latz geknallt, als sei es eine nicht zu hinterfragende Wahrheit: Kinder brauchen Grenzen, sonst entwickeln sie sich irgendwie verkehrt. Wie diskriminierend dieser Satz eigentlich ist, macht der Autor André Stern in seinen Vorträgen oft beispielhaft deutlich, indem er eine andere Gruppe Menschen einsetzt. Etwa »Frauen brauchen Grenzen«. Oder »Muslime brauchen Grenzen«. Sofort regt sich Widerspruch im Publikum: Das kann man doch so nicht sagen? Dass nun ausgerechnet Muslime Grenzen brauchen? Und alle anderen nicht, oder wie? »Genau das ist der Punkt«, sagt Stern dann. »Kinder brauchen Grenzen. Und alle anderen nicht, oder wie?«

Natürlich ist es inhaltlich nicht falsch, dass Kinder Grenzen brauchen. Genau wie Frauen, Muslime, Lehrkräfte, Berliner*innen und Weltraumreisende Grenzen brauchen. **Wir alle brauchen Grenzen.** Doch indem wir eine Gruppe Menschen explizit sprachlich herausheben, legitimieren wir, dieser Gruppe Grenzen vorzusetzen, die für andere nicht gelten – und verwehren ihnen gleichzeitig das Recht, selbst Grenzen aufzustellen. Genau das ist mit Kindern über viele Jahrhunderte in unserer Gesellschaft geschehen. Sie galten nicht als vollwertige Menschen, sondern als weniger wertvolle, weil eben noch nicht fertige Vorstufen des Menschseins. Deshalb galten für sie andere Regeln als für Erwachsene, und deshalb wurde ihnen auch weniger Respekt entgegengebracht. Teilweise wirkt diese systemische Benachteiligung junger Menschen bis heute in unseren Alltag hinein. Adultismus ist der Fachbegriff dafür. Wenn wir über Grenzen im Familienleben sprechen wollen, kommen wir an ihm nicht vorbei. Denn die Art und Weise, wie Kindern in den vergangenen Jahrzehnten Grenzen vermittelt wurden, war in weiten Teilen genau das: adultistisch. Diskriminierend und respektlos. Erwachsene machten die Ansagen, und Kinder hatten zu gehorchen. Das galt als die natürliche Ordnung der Dinge. Die Grenzen, die Kinder erfuhren, glichen entsprechend einer Willkürherrschaft. Eltern und Lehrkräfte konnten nach Gutdünken festlegen, was erlaubt und was verboten war. Und jeden bestrafen, der sich nicht daran hielt. In einem politischen System würde man dieses Machtgefüge als Diktatur beschreiben. In Bezug auf Kinder hieß es lange Zeit einfach: Erziehung.

× × ×

Nach dem islamistischen Terroranschlag am Breitscheidplatz im Dezember 2016 standen von einem Tag auf den anderen plötzlich gewaltige Betonpoller in unserer Stadt. Grau und gewichtig standen sie da und versperrten die Zufahrtswege zum Weihnachtsmarkt. Aus Sicherheitsgründen, versteht sich. Gewaltige, riesengraue Betonpoller, die wie aus dem Nichts auftauchen und machtvoll eine Grenze markieren – so muss es sich für Generationen von Kindern angefühlt haben, wenn die Erwachsenen ihnen Grenzen setzten. Zack, hier ist zu. Weg versperrt, Durchtritt bei Strafe verboten. Zack, hier ist noch ein Poller. Und hier noch einer. Betonmauern überall. **Es ist kein Zufall, dass Menschen, die in sehr autoritären Strukturen aufgewachsen sind, das Zuhause ihrer Kindheit oft als Gefängnis beschreiben.** Denn Kinder tragen nicht nur ein angeborenes Bedürfnis nach Sicherheit und Geborgenheit in sich, sondern auch eines nach Freiheit und Autonomie. Sie brauchen die Möglichkeit, sich zu entdecken, Abenteuer zu leben und Fehler zu machen. Sie müssen sich erproben dürfen, und dafür brauchen sie Erfahrungsräume. Werden diese durch strenge Verbote beschnitten und begrenzt, fühlt sich das tatsächlich wie Eingesperrtsein an – auch wenn die gewaltigen Betonwände, die die Kindheit dieser Kinder an allen Ecken und Enden begrenzen, für andere oft nicht sichtbar sind.

Wenn massive Betonwände, die mehr oder weniger willkürlich irgendwo hingesetzt werden und dort dann starr und unverrückbar stehen, das Sinnbild für Grenzen in der autoritären Erziehung sind, dann ist das Sinnbild für Grenzen im zugewandten, respektvollen, bindungsstarken Miteinander – der Gartenzaun. Ein simpler kleiner Gartenzaun aus Holz, der ein Grundstück vom anderen trennt. Dieser Gartenzaun ist weder bedrohlich noch besonders hoch oder massiv. Er ist einfach da, um eine Grenze zu markieren: Hier beginnt mein Bereich, bitte nicht ungefragt betreten. Gartenzäune machen keine Angst. Das ist auch nicht ihre Aufgabe. Sie dienen nicht der Abschreckung und auch nicht der Verteidigung in dem Sinne, dass sie unüberwindbar wären. Im Gegenteil: Über die allermeisten Gartenzäune in unserer Nachbarschaft könnte ich als nicht besonders sportlicher Mensch locker drüberspringen. Tue ich aber nicht. Weil der Zaun mir zeigt, dass hier der Raum eines anderen Menschen beginnt. Und genau darum geht es auch in der bindungsorientierten Elternschaft: Wir wollen keine Betonwände errichten zwischen uns und unserem Kind. Wir wollen uns nicht in einer Festung verschanzen, die unser Kind auf Distanz hält, und es nicht einschüchtern mit Grenzsoldaten und Schreckschussanlagen. Wir legen uns einfach nur einen freundlichen, kleinen Gartenzaun zu, der ihnen zeigt, wo unser ganz eigener Bereich anfängt. Und dann laden wir sie an diesen Zaun zum Pläuschchen ein, über Liebe und Grenzen und wie das alles zusammengehört.

Praktische Übung

MEINE WEICHE, WARME GRENZE

Welches Bild hast du im Kopf, wenn du versuchst, dir deine persönliche Grenze ganz plastisch vorzustellen? Eine Mauer, eine Wand, einen Stacheldrahtzaun? Oder etwas ganz anderes?

In meinen Workshops zum Thema Grenzen lade ich Eltern dazu ein, diese inneren Bilder ganz bewusst zu verändern - und zwar mit einer kleinen Kreativaufgabe, für die du irgendein sehr weiches, kuscheliges Material brauchst. Bastelfilz ist gut geeignet oder ungesponnene Wolle, auch Watte geht. Jedenfalls geht es nun darum, eine weiche, warme, schützende Grenze um dich herumzustellen. Eine Hülle, die dich umgibt und die dir guttut, die andere aber nicht abschreckt oder verängstigt. Sie ist so gemütlich, dass dein Kind sich sogar daran anschmiegen kann, wenn es an diese Grenze stößt. Dieses innere Bild kann dir dabei helfen, kein schlechtes Gewissen zu haben, wenn du deine Grenze aufzeigst.

Und um dieses innere Bild in deinem Unterbewusstsein zu verfestigen, lade ich dich ein,

ein kleines Kunstwerk zu schaffen: Nimm ein festes Stück Zeichenkarton oder eine andere geeignete Unterlage und male oder klebe in die Mitte ein Bild von dir. Und dann bastle eine fühlbare Grenze um dich herum, indem du einen Kreis aus Filz, Wolle oder Watte auf die Unterlage klebst. Mach dir deine Grenze richtig schön - vielleicht magst du sie sogar mit Glitzersteinchen oder Stickern verzieren? Und dann hänge dieses Bild an einen Ort, wo du es oft siehst. Um dich daran zu erinnern, dass deine Grenze nicht bedrohlich sein muss, um wirksam zu sein. Sondern weich und schützend, und zwar von außen wie von innen.

2. KAPITEL

Meine Grenze spüren lernen

Die eigenen Grenzen wahrnehmen und wahren zu können ist keine Selbstverständlichkeit. Viele, die heute Eltern sind, haben das nie gelernt. Insbesondere viele Frauen und Mädchen nicht. Denn wer wie Grenzen vertreten kann und darf, ist in unserer Gesellschaft stark gegendert. In sehr vielen Familien sind etwa die weiblichen Personen dafür zuständig, den Familienfrieden zu wahren. Das liegt an uralten Rollenzuschreibungen und letztlich am Patriarchat, hat jedoch auch in augenscheinlich modernen, aufgeklärten Familien oft zur Folge, dass insbesondere sensible, empathische Mädchen ihre Tochterrolle oft mit sehr viel Verantwortung beladen: die Mutter entlasten, den Vater glücklich machen, für Harmonie zwischen den Geschwistern sorgen. Natürlich gibt es auch Jungen und nicht-binäre Kinder, die in eine solche Rolle hineinwachsen. Die Folge ist immer dieselbe: Wer sich dafür verantwortlich fühlt, dass der Haussegen nicht schief hängt, geht dafür weit über die eigenen Grenzen. Eigene Bedürfnisse werden systematisch weggeschoben und verdrängt, alle Aufmerksamkeit gilt den Bedürfnissen der anderen.

Besonders stark entfaltet sich diese Dynamik in Familien mit seelisch oder gesundheitlich stark belasteten oder instabilen Elternteilen, in denen letztlich ein Kind oft die emotionale Versorgerrolle einnimmt, häufig sowohl für Eltern als auch Geschwister. **Der Fachbegriff dafür ist Parentifizierung, also die Übernahme der Elternrolle durch ein Kind.** Die Kinder ziehen daraus oft zunächst eine diffuse Art Stolz, so eine wichtige und verantwortungsvolle Aufgabe zu tragen, sind jedoch gleichzeitig emotional oft völlig überfordert davon, eine Last zu tragen, die nicht die ihre ist. Um diese Überforderung zu kompensieren, verschieben sie ihre eigene Belastungsgrenze immer mehr und trösten sich damit, durch ihren besonderen Einsatz auch besondere Wertschätzung zu verdienen. **So wird in vielen Menschen bereits im Kindesalter die Annahme gefestigt, Liebe und Aufmerksamkeit müssten durch Leistung und das Zurückstellen eigener Bedürfnisse zugunsten der Gemeinschaft verdient werden.** Diese Prägungen wirken noch lange fort: Wer nie gelernt hat, sich selbst wichtig zu nehmen, tut sich meist auch im Erwachsenenleben schwer damit, klar für sich einzustehen. Stattdessen wiederholen Menschen, die bereits als Kinder zu viel emotionale Verantwortung getragen haben, als Erwachsene oft unbewusst dieses Muster. Nur, dass sie jetzt die alleinige Verantwortung für das Wohlergehen aller Mitglieder ihrer eigenen, selbst gegründeten Familie tragen – nur nicht für ihr eigenes.

Nicht jedes Elternteil ist im gleichen Maße von diesen frühkindlichen Prägungen betroffen, doch es ist für mich immer wieder erschreckend, wie häufig mir gerade besonders liebevolle, zugewandte und bemühte Eltern erzählen, dass sie eigentlich ihr Leben lang schon Verantwortung für alles und jeden übernommen haben. Nur liebevoll für sich selbst zu sorgen, haben sie nie gelernt. Das dauerhafte Übergehen der eigenen Bedürfnisse setzt dabei oft eine unheilvolle Spirale in Gang. Denn genauso wenig, wie die Bedürfnisse unserer Kinder verschwinden, wenn wir sie ignorieren, gehen unsere eigenen Bedürfnisse einfach irgendwann weg. Stattdessen stauen sie sich in uns auf wie Wasserdampf in einem Schnellkochtopf. Äußerlich ist davon lange nichts zu bemerken, und auch wir selbst können uns an diesen permanenten latenten Überdruck so gewöhnen, dass wir ihn kaum mehr wahrnehmen. Passiert dann jedoch irgendeine Kleinigkeit, die uns emotional unvorbereitet trifft und enttäuscht oder verletzt, ist es, als würde unverhofft der Deckel des Schnellkochtopfs abgesprengt, und alles, was sich darin an Druck aufgebaut hat, entlädt sich unkontrolliert. Leider sind es oft ausgerechnet unsere eigenen Kinder, die solche explosiven Ausbrüche unterdrückter Bedürfnisse und Gefühle auslösen – nicht aus böser Absicht, sondern einfach, weil sie uns so nah sind und oft mit traumwandlerischer Sicherheit unsere wunden Punkte erwischen. Werden sie dann plötzlich angebrüllt, beschimpft oder geschüttelt, weil wir Eltern die Nerven verlieren, ist das für sie natürlich ein schrecklicher Schock. Schließlich beruht ihre emotionale Sicherheit darauf, dass wir Eltern ihr sicherer Hafen sind: verlässlich und beständig immer für sie da. Unkontrollierte Wutausbrüche vermitteln das Gegenteil dieser Sicherheit. Und weil gute Eltern das wissen, haben sie hinterher auch immer ein furchtbar schlechtes Gewissen. Dann entschuldigen sie sich wortreich, nehmen sich vor, nie wieder so auszurasten, und schlucken weiter sämtliche Bedürfnisse hinunter – bis irgendein Tropfen das Fass wieder zum Überlaufen bringt.

Es gibt jede Menge Tipps und Tricks, die Eltern helfen sollen, aus dieser zerstörerischen Dynamik auszusteigen. Sie sollen Atem- und Entspannungsübungen machen, ganz langsam bis zehn zählen, Mandalas malen und Tee trinken. Sie sollen sich klarmachen, dass ihr Kind sie nicht mit Absicht ärgert, dass Schreien sich für Kinder wie Schlagen anfühlen kann, dass vieles, was uns auf die Palme bringt, schlicht Teil der normalen kindlichen Entwicklung ist. Doch ich bin überzeugt: Das Einzige, was Eltern wirklich langfristig hilft, ihre Kinder nicht niederzubrüllen, nicht durchzuschütteln, nicht mit Dingen zu werfen, Türen zu knallen, Gemeinheiten zu schreien und fiese Verbote auszusprechen, ist, die eigenen persönlichen Grenzen zu kennen und zu wahren. Wir müssen also damit aufhören, unsere Bedürfnisse so lange zu ignorieren, bis sie uns um die Ohren fliegen, und anfangen, wieder wahrzunehmen, was wir brauchen. Und dafür einzustehen. Auch, wenn sich das für uns erst einmal ganz fremd und ungewohnt anfühlt.

Grenzen müssen wir nicht »setzen«

Wenn im Erziehungskontext von Grenzen die Rede ist, dann fast immer in der Kombination mit dem Verb »setzen«. Eltern, so lesen wir in der Zeitung, haben verlernt, Grenzen zu setzen. Deswegen benehmen sich die Kinder heutzutage so unmöglich. Deshalb müssen jetzt die Lehrkräfte mehr Grenzen setzen, und die pädagogischen Fachkräfte in den Kitas. Zum Glück gibt es aber auch noch Eltern, die ihren Kindern Grenzen setzen. Diese Kinder werden dann zu gut geratenen Erwachsenen. Und wie sieht das aus, dieses Grenzensetzen? Nun: Die Erwachsenen legen fest, wo Schluss ist. Und setzen eine Grenze: Zack, nun ist sie da. Übertreten bei Strafe verboten.

Denken wir einen Moment darüber nach, was allein diese sprachliche Wendung über das dahinterstehende Verständnis von Erziehung aussagt: Wer etwas setzt, legt etwas fest, das dann gesetzt ist. Organisiere ich beispielsweise einen Flohmarkt für den Förderverein des Kindergartens, kann ich festlegen, wann dieser stattfindet und wie viel Geld ich pro Verkaufsstand nehme. Diese Rahmenbedingungen sind dann gesetzt und damit Gesetz: So läuft das hier, darüber diskutieren wir nicht, das habe ich mir so ausgedacht, und jetzt gilt es. Ich bin die Chefin, ich mache die Regeln. Und wer sie nicht mag, soll eben nicht kommen.

Solche zackigen Entscheidungen ohne Diskussionsmöglichkeit können sinnvoll sein, wenn ich etwas auf die Beine stellen will, ohne mich in zig verschiedenen Meinungen zu verlieren. Sie sind jedoch nicht förderlich für zwischenmenschliche Beziehungen. Denn wenn ich mit Menschen in Verbindung stehen und ihre Anliegen in meine Entscheidungen einfließen lassen will, helfen zackig gefasste Beschlüsse, auf denen ich um jeden Preis beharre, nicht weiter. Ich brauche viel mehr Geduld und Gespür für meine Grenzen und die meines Gegenübers, um zu einem für alle Seiten befriedigenden Ergebnis zu kommen.

Diesen Anspruch hatte Kindererziehung über viele Jahrhunderte nicht. Im Gegenteil: Kinder sollten nicht diskutieren, Kinder sollten gehorchen. Entsprechend willkürlich und autoritär ging vielmals auch das Grenzensetzen vonstatten: Eltern beschlossen, was ihre Kinder dürfen sollten und was nicht. Stellten entsprechende Regeln auf. Und drohten mit Strafen, sollten diese nicht eingehalten werden. Im politischen Kontext würde man eine solche Herrschaftsform als Diktatur bezeichnen: Es gibt Machthaber, die die Gesetze machen. Und Untertanen, die sich ohne Mitspracherecht an sie zu halten haben. Legitimiert wurde diese immense Machtposition von Eltern im familiären Setting durch die tief in unserer Kultur verankerte Überzeugung, dass Kinder ihren Eltern gehören – und dass diese das Recht haben, diese nach Gutdünken so zu formen, wie sie es für richtig halten.

Noch heute gibt es viele Eltern, die genau aus diesem Selbstverständnis heraus agieren: Wir sind die Eltern, wir bestimmen. Und dann bestimmen sie: mit wem ihr Kind spielen darf und welchen Sport es ausüben muss. Wie lang der Rock sein darf und wie kurz das Shirt. Wie man ein Junge zu sein hat und wie ein Mädchen. Ja, es gibt sogar Eltern, die versuchen, ihren Kindern ihre Geschlechtsidentität oder sexuelle Orientierung zu verbieten. Alles aus dem Gedanken heraus, dieses Recht zu haben: über mein Kind zu bestimmen, wie es mir gefällt.

Das ist es, was ich unter Grenzen setzen verstehe: Beziehungsloses Betonpoller-Aufstellen, aus einer Machtposition heraus, die keinen Widerspruch duldet. Und ich finde: Damit sollten wir aufhören. Grenzen setzen ist gemein.

Das heißt aber nicht, dass wir die Grenzen gleich mit einmotten sollten. Im Gegenteil: Befreien wir die Grenzen vom Willkürfaktor des Setzens, machen wir den Weg frei für einen neuen, frischen Blick darauf, was Grenzen auch sein und was wir mit ihnen machen können. Wir können unsere eigenen Grenzen spüren, und die Grenzen anderer wahrnehmen. Wir können ihre und unsere Grenzen respektieren. Wir können auf Grenzen vertrauen. Wir können unsere Grenzen wahren und sie selbstbewusst vertreten. Wir können unsere Grenzen schützen. Und wir können sie auch mal bewusst überschreiten. Wir können Grenzen markieren und Grenzen neu verhandeln.

Und schon bekommt das ganze Thema einen völlig neuen Klang. Dabei geht es mir nicht um sprachliche Spitzfindigkeiten: Natürlich gibt es heute jede Menge Eltern, die von sich sagen würden, dass sie Grenzen setzen, und die trotzdem liebevoll und zugewandt und freundlich mit ihrem Kind umgehen. Das Leben ist nicht schwarzweiß, und Familienleben ist es erst recht nicht. Doch ich bin überzeugt, dass es sich lohnt, solche tradierten sprachlichen Wendungen zu hinterfragen und darüber nachzudenken, von welchem Selbstverständnis und welcher Erziehungsvorstellung sie geprägt sind – und dann nach Worten zu suchen, die unseren eigenen Werten, unserem eigenen Selbstverständnis mehr entsprechen. Denn Sprache ist machtvoll und wirkt tief in unser Empfinden und Handeln hinein.

Eine gute Freundin von mir, die Pädagogin und Familienberaterin Inke Hummel, hat mir dazu erzählt, dass Eltern, die bei ihr darüber sprechen, dass sie ihren Kindern mehr Grenzen setzen müssen, dabei unwillkürlich ihren Körper anspannen. Sie straffen ihre Schultern, spannen ihre Muskeln an. »Sie stählen sich«, sagt meine Freundin dazu. Sie machen sich hart, weil sie glauben, das müsse so sein: Wer Grenzen setzt, muss Härte zeigen. Spricht meine Freundin mit den Eltern dann über ihre persönlichen Grenzen und darüber, dass sie diese liebevoll wahren dürfen, beobachtet sie regelmäßig, wie die Körperspannung bei ihrem Gegenüber nachlässt, wie sich ihre Gesichtszüge entspannen, sie wieder weicher werden. Und ich bin überzeugt: Genau das passiert bei uns allen zu Hause auch. Treibt uns ein Kind zur Weißglut, sodass wir beschließen, jetzt aber wirklich mal eine Grenze setzen zu müssen, verhärten wir uns allein bei dem Gedanken. Viele Eltern haben mir bereits von solchen Momenten berichtet, und von den Vorsätzen, die sie daraufhin gefasst haben: nicht mehr nachzugeben, sich nicht mehr erweichen zu lassen, nicht mehr nett zu sein. Denn die Alternative dazu scheint für viele Eltern vor allem in Passivität zu bestehen: »Ich kann doch nicht einfach alles laufen lassen«, weinte sich einmal eine Mutter nach einem meiner Vorträge bei mir aus. »Ich muss doch auch mal sagen können: Jetzt ist Schluss!«

Und JA! Das muss sie sagen können. Jede und jeder muss das sagen können. Nur müssen wir uns dafür nicht verhärten. Und genau das ist mein Punkt: Verengen wir unseren Blick nicht länger auf die zwei Optionen »Grenzen setzen« und »laufen lassen«. Sondern schauen wir dahin, wo Beziehung passiert: in dem ganzen breiten Spektrum dazwischen.

Wir müssen keine Grenzen setzen. Sie sind nämlich schon da. Wir müssen sie nur wieder spüren – und zeigen.

Dabei hilft noch eine zweite sprachliche Präzisierung, nämlich ganz konkret von persönlichen Grenzen zu sprechen, wenn diese gemeint sind. Das Wort »Grenzen« ist nämlich ein so unpersönlicher Sammelbegriff, dass er in vielen Familien geradezu inflationär zum Einsatz kommt. Ob das Kind sich nicht wickeln lassen will oder heimlich Gummibärchen stibitzt, ob die Eltern regelmäßig beim Arbeiten unterbrochen werden oder sich einfach mal wieder einen ruhigen Feierabend ohne ständige Störungen gönnen – die Lösung für all diese Herausforderungen lautet immer schnell: »Dann braucht das Kind halt mehr Grenzen.« Dadurch haben viele Eltern die Vorstellungen, dass in einer Familie vor allem Kinder Grenzen brauchen. Für sie müssten sie Regeln aufstellen und stets konsequent einhalten, zu ihrem eigenen Besten. Wozu das führen kann, konnte ich einmal live bei einer Familie aus der Nachbarschaft beobachten: Die Eltern entwickelten einen umfassenden Regelkatalog für ihre zwei kleinen Kinder, der bis ins Detail festhielt, was sie wann naschen und wie viel sie fernsehen dürften, wann sie laufen und wann Buggy fahren würden, wie exakt das Abendritual aussehen würde und welche Regelung fürs Baden, Zähneputzen und Haarewaschen galt. Kaum hatten sie sich darauf verständigt, begann der Stress. Denn die Kinder hatten natürlich keine Lust, sich immer an diese vielen Regeln zu halten. Sie protestierten, kämpften, diskutierten. Manchmal gab ein Elternteil nach – und bekam am Abend Ärger mit dem anderen, weil es die gemeinsam erarbeiteten Grenzen nicht hochhielt. »Mich stört es aber nun mal nicht, wenn die Kleine in ihrem Essen matscht!«, schallte es während einer dieser Auseinandersetzungen zu uns herüber. »MICH stört es aber!«, tönte es zurück. »Und wie soll sie verstehen, dass sie das bei mir nicht darf, wenn sie es bei dir einfach machen kann?«

»Durch persönliche Grenzen«, hätte ich ihnen gerne zugerufen, tat es aber natürlich nicht. Doch tatsächlich löst genau dieses Konzept das ganze Dilemma. Der Grundgedanke dabei ist: **Wir verwenden nicht unsere ganze Kraft auf Kämpfe, hinter denen wir im Grunde unseres Herzens selbst nicht stehen. Sondern treten klar und entschieden für das ein, was uns selbst wichtig ist.** Und das darf durchaus Unterschiedliches sein – auch innerhalb einer Familie. Mein Mann ist beispielsweise recht empfindlich, was Schmatzen und Schlürfen betrifft. Er mag solche Geräusche einfach gar nicht, und bei gemeinsamen Mahlzeiten verderben sie ihm schnell den Appetit. Deshalb hat er unsere Kinder von klein auf bei unseren gemeinsamen Mahlzeiten immer und immer wieder daran erinnert, dass sie das bitte lassen sollen, weil es ihm damit nicht gut geht. Das ist seine persönliche Grenze. Er kommuniziert sie klar und freundlich. Wenn er da ist. Wenn er nicht da ist, sagt mein sechsjähriger Sohn manchmal: »Cool, jetzt können wir schmatzen.« Und das stimmt. Mich selbst stören die Essgeräusche meiner Kinder nicht. Meine persönlichen Grenzen sind anders gelagert. So hasse ich es beispielsweise, wenn meine Kinder mich aus heiterem Himmel kitzeln. Was ich ihnen gegenüber sehr deutlich gemacht habe. Weshalb sie es nicht mehr tun. Mein Mann hingegen wird von ihnen regelmäßig mit Kitzelattacken überrascht – und kitzelt sie dann einfach lachend zurück. **Persönliche Grenzen zu wahren bedeutet also, wegzukommen von der Idee eines Regelkatalogs, an den sich unsere Kinder halten müssen, und hinzuspüren, wo eigentlich unsere ganz ureigenen Grenzen liegen – und diese dann klar zu vertreten.** Wichtigster Paradigmenwechsel dabei ist der Gedanke, dass die Grenzen, die unsere Kinder im Zusammenleben mit uns erfahren, nicht in erster Linie für sie da sind – sondern für uns. Es geht nicht darum, sie einzugrenzen. Sondern darum, gut für uns selbst zu sorgen.

× × ×

Wie wahrt man also persönliche Grenzen? Spannenderweise gelingt es den meisten Eltern, die mir bei meinen Vorträgen so begegnen, ziemlich gut, die Grenzen ihrer Kinder zu wahren. Intuitiv achten sie auf die feinen Signale ihrer Babys, füttern sie nach Bedarf, erfüllen ihr Bedürfnis nach Nähe und Freiraum, und lassen sie in ihrem eigenen Tempo trocken werden. »Das ist für mich eine Frage des Respekts«, sagte eine Mutter einmal zu mir. »Mein Kind nicht auf den Topf zu setzen, wenn es das nicht will, und es gleichzeitig nicht warten zu lassen, wenn es mal muss.« Im nächsten Satz erzählte mir dieselbe Frau allerdings dann, sie schaffe es an vielen Tagen nicht, auch nur eine einzige Mahlzeit im Sitzen einzunehmen oder auch nur in Ruhe etwas zu trinken, geschweige denn aufs Klo zu gehen. So viel zum Thema Respekt vor menschlichen Grundbedürfnissen.

Ich weiß, wie leicht es ist, in diese Falle zu tappen. Es fängt mit kleinen Grenzverschiebungen in der Babyzeit an: Wer will schon riskieren, zur Toilette zu gehen, wenn gerade endlich das Baby auf einem eingeschlafen ist? Also hält man ein. Zu essen vergisst man sowieso. Stattdessen gibt es Schokolade und Chips zwischendurch. Das Duschen muss bis zum Abend warten, und wird dann oft aus Erschöpfung auf den nächsten Tag verschoben. Been there, done that. Nichts davon ist falsch oder verwerflich. Nur: Wenn aus diesem Ausnahmezustand ein Dauermodus wird, rächt sich das irgendwann. Denn wer ständig seine eigenen Grundbedürfnisse ignoriert, verlernt immer mehr, sie zu spüren – und wird dann scheinbar grundlos immer unausgeglichener, reizbarer und unglücklicher.

Ein besonders hohes Risiko dafür haben Menschen, die bereits vor dem Elternwerden ihre Bedürfnisse nicht besonders gut spüren konnten. Zum Beispiel, weil das bereits in ihrer eigenen Kindheit im Grunde nicht erwünscht war. Dahinter muss gar keine böse Absicht stecken: Als wir Eltern von heute Kinder waren, galt es in weiten Teilen der Gesellschaft schlicht als normal, kindlichen Bedürfnissen nicht besonders viel Bedeutung zuzumessen. Stattdessen wurde Eltern auch von Fachleuten erzählt, dass Kinder selbst nicht wissen, was gut für sie ist, weshalb sie eng reguliert werden müssten, und zwar in nahezu allen Lebensbereichen. Also wurden viele von uns damit groß, dass uns gesagt wurde, was wir wann essen müssen und wie viel, wann wir müde sind und schlafen sollen, wann wir aufs Klo gehen sollen und wann nicht. Dabei fühlten sich unsere Eltern sehr modern, denn anders als ihre Eltern setzten sie dabei durchaus teilweise bereits auf Kooperation und Augenhöhe. **Doch dass es übergriffig sein könnte, einem Kind zu sagen, wann es essen, schlafen oder noch mal schnell Pipi machen soll – auf diesen Gedanken kam damals kaum jemand.** In der Folge sind wir heute in weiten Teilen eine Elterngeneration, die nie gelernt hat, ganz bewusst hinzuspüren, wann wir eigentlich Hunger haben und wann wir satt sind oder welcher Schlafrhythmus uns guttäte, und viele von uns haben eine nervöse Blase, weil wir so darauf konditioniert sind, immer noch mal schnell zur Toilette gehen zu müssen, bevor wir irgendwo hingehen, damit wir unterwegs nicht stören.

Auch was unsere emotionalen Bedürfnisse angeht, haben viele von uns gelernt, sich zurückzunehmen. Traurigkeit, Enttäuschung, Frust und Wut offen zu zeigen war in vielen Familien nicht erwünscht, ebenso wenig wie eine starke Bedürftigkeit und Sensibilität. Stattdessen galt in den meisten Elternhäusern das Credo, dass Kinder durch manche Sachen eben durchmüssen: alleine einschlafen, auch wenn sie Angst haben, im Kindergarten bleiben, natürlich ohne Eingewöhnung, aufessen, auch wenn der innere Widerstand groß ist.

Egal, in welcher Situation sie sich wiederfinden: **Kinder sind unglaublich kompetent und anpassungsfähig.** Sie werden eine Strategie suchen, sie irgendwie zu meistern. In Bezug auf Stresssituationen in der frühen Kindheit bedeutet das oft, dass Kinder in eine gewisse emotionale Taubheit verfallen, wenn sie sich überfordert fühlen und ihre Bedürfnisse unerfüllt bleiben. Um den Schmerz darüber nicht mehr spüren zu müssen, regelt ihr Gehirn sämtliche Empfindungen auf ein Minimum herunter – und ermöglicht ihnen so, zu funktionieren. Genau das haben viele Eltern von heute in ihrer Kindheit immer wieder erlebt – und erleben es bis heute: Wird der Stress zu groß, ist es, als stülpe sich plötzlich eine große Käseglocke über uns, durch die wir alles nur noch ganz vage und gedämpft wahrnehmen. Keine großen Gefühle, keine starken Bedürfnisse mehr. Nur noch funktionieren. Das ist der Modus, in dem viele Menschen in den ersten Jahren als Eltern operieren. Ein Modus, der auf einer uralten Überlebensstrategie basiert, der uns als Kindern geholfen hat, die Zähne zusammenzubeißen, und der uns auch als Erwachsenen zumindest oberflächlich betrachtet gute Dienste leistet. Doch der Preis, den wir dafür bezahlen, ist hoch. **Denn wer sämtliche Bedürfnisse und Gefühle nur noch in der Schmalspurversion wahr-**

nimmt, verpasst eben nicht nur die tiefen Tiefs, sondern auch die höchsten Hochs im Leben mit unseren Kindern. Statt mit ihnen von Herzen lachen zu können, lächeln wir dann allenfalls noch ab und zu müde und haben im nächsten Moment schon vergessen, worüber. Denn auch das ist eine Nebenwirkung, wenn wir unsere Bedürfnisse dauerhaft vernachlässigen: Wir werden zerstreut und vergesslich, unaufmerksam und leicht reizbar. Und fühlen uns so gar nicht als die Eltern, die wir immer sein wollten.

Um aus diesem Stresskreislauf auszubrechen, ist es essenziell, dass wir unseren eigenen Bedürfnissen mit derselben Ernsthaftigkeit und demselben Respekt begegnen wie denen unserer Kinder. Wir müssen unsere Prioritäten also neu sortieren: Genauso, wie es wichtig ist, dass unsere Kinder ihrem persönlichen Bedarf entsprechend schlafen, essen, sich bewegen, ausruhen und Spaß haben können, ist es wichtig, dass wir Eltern unserem persönlichen Bedarf entsprechend schlafen, essen, uns bewegen, ausruhen und Spaß haben können. Klar können wir als Erwachsene im Zweifelsfall unsere Bedürfnisse einen Moment länger zurückstellen als ein kleines Kind, doch das heißt nicht, dass unser Bedürfnis deshalb weniger wichtig wäre. Es zu erfüllen ist nur nicht ganz so dringend. In der Konsequenz heißt das: Eltern, egal wie alt euer Kind ist, eure eigenen Grundbedürfnisse sind genauso wenig verhandelbar wie seine. Findet heraus, was ihr braucht, und schafft euch einen Alltag, in dem ihr es bekommt. Und zwar nicht auf Kosten eures Kindes. Sondern mit ihm gemeinsam.

Persönliche Grenzen sorgen dafür, dass ich mein Leben wieder mitkriege. Was brauche ich und was brauchst du? Wenn wir im Alltag über Bedürfnisse sprechen, meinen wir damit oft ganz konkrete Dinge, die Menschen sich wünschen: »Ich habe das dringende Bedürfnis, mal wieder mit meinen Freundinnen auszugehen«,

Was
brauche
ich und was
brauchst
du?

sagen wir dann. Oder: »Mein Mann braucht das einfach, zweimal die Woche allein zum Sport zu gehen, das ist ihm ein dringendes Bedürfnis.« Der US-amerikanische Kommunikationspsychologe Marshall Rosenberg weist allerdings zu Recht darauf hin, dass es sinnvoll ist, in diesem Zusammenhang zwischen Bedürfnissen und Wünschen zu unterscheiden. Wünsche beschreiben, was wir wollen. Bedürfnisse beschreiben, was wir brauchen.

Natürlich hängt das eine eng mit dem anderen zusammen: Oft wollen wir das, was wir brauchen, und brauchen das, was wir wollen. Doch wenn wir uns mit unseren persönlichen Grenzen beschäftigen wollen, ist es unerlässlich, dass wir den zentralen Unterschied zwischen Bedürfnissen und Wünschen verstehen lernen: Wünsche sind individuell und konkret, Bedürfnisse sind universal. Heißt im Klartext: Wir Menschen haben alle sehr unterschiedliche Wünsche, aber im Kern alle dieselben Bedürfnisse.

Körperlich brauchen wir alle:

- Luft zum Atmen
- Licht und Wärme
- Nahrung
- Schlaf und Entspannung
- Berührung und Stimulation
- Bewegung
- Schmerzfreiheit und körperliches Wohlbefinden.

Und seelisch brauchen wir:

- Liebe und Fürsorge
- Nähe und Rückversicherung
- Autonomie und Selbstwirksamkeit
- Halt und Begrenzung

- emotionale Sicherheit und Geborgenheit
- Zugehörigkeit und Verbundenheit
- Freude und Leichtigkeit
- Respekt und Gesehenwerden
- Wertschätzung und Würdigung
- Ruhe und Rückzug
- Kreativität und Selbstausdruck
- Sinn und Kongruenz.

Laut Marshall Rosenberg können wir Bedürfnisse leicht von Wünschen unterscheiden, weil Erstere immer drei Eigenschaften erfüllen:

- Sie sind *universell*, also allen Menschen gemeinsam.
- Sie sind *positiv*, ihre Erfüllung trägt also zu einem schöneren Leben bei und erhöht die Lebensfreude.
- Sie sind *abstrakt*, also an keine konkrete Handlung und keinen spezifischen Ort oder Menschen gebunden.

Weil wir Menschen verschieden sind, verspüren wir all diese Bedürfnisse unterschiedlich stark. Auch in unterschiedlichen Lebensphasen haben all diese Bedürfnisse unterschiedlich hohe Bedeutung für uns. Was wir jedoch alle gemeinsam haben, ist, dass es letztlich unsere Bedürfnisse sind, die uns antreiben. Sie sind es, die hinter unseren Wünschen, Sehnsüchten und Plänen stecken – und die jede unserer Handlungen prägen und befeuern. Letztlich tun wir unser ganzes Leben lang nichts anderes, als nach Strategien zu suchen, um Bedürfnisse zu erfüllen – unsere eigenen, aber auch die anderer Menschen. Und diese Strategien – also die ganz konkreten Wege, wie wir Bedürfnisse zu erfüllen versuchen –, das sind die konkreten Wünsche und Pläne und Vorstellungen, durch die unsere

Bedürfnisse im Alltag meist offenbar werden. Konkret heißt das: **Die Bedürfnisse, die uns wirklich antreiben, sind uns im Alltag in den seltensten Fällen bewusst.** Sie spiegeln sich nur in unseren emotionalen Reaktionen auf bestimmte Situationen.

Typisches Beispiel: Die Cornflakes sind alle, und unser Kind soll zum Frühstück stattdessen Haferflocken essen, woraufhin es völlig ausrastet, obwohl es Haferflocken eigentlich mag. Was steckt dahinter? Auf den ersten Blick könnte man meinen, das Kind mache grundlos Theater. Denn sein Bedürfnis nach Nahrung kann es mit Haferflocken ebenso stillen wie mit Cornflakes. Doch das Kind erfüllt sich mit seiner morgendlichen Cornflakesschüssel eben nicht nur sein Bedürfnis nach Nahrung, sondern auch das nach emotionaler Sicherheit und Geborgenheit, Halt und Orientierung. Dass es jeden Morgen das gleiche Frühstück gibt, hilft ihm also, gut reguliert in den Tag zu starten. Die unverhoffte Planänderung hingegen lässt seine emotionalen Bedürfnisse in diesem Moment unerfüllt. Das ist nicht schlimm, schließlich gibt es jede Menge andere Strategien, mit denen sie erfüllt werden können. Das passiert jedoch nicht, wenn das Kind angeblafft wird, warum es jetzt schon wieder so ein Drama mache wegen ein paar Cornflakes.

Bei uns Erwachsenen verhält es sich nicht anders. Wie viele Eltern streiten sich immer wieder über falsch eingeräumte Spülmaschinen, herumfliegende Socken und vergessene Impftermine? Auch bei diesen Konflikten geht es immer um unerfüllte Bedürfnisse: nach Wertschätzung und Würdigung der eigenen Arbeit, nach Respekt und Gesehenwerden, nach Autonomie und Selbstwirksamkeit.

Um unsere Grenzen spüren und wahren zu können, ist es hilfreich, in solchen Stress- und Konfliktsituationen die Perspektive zu wechseln und sozusagen die Bedürfnisbrille aufzusetzen: Was ist hier gerade wirklich das Problem?

Praktische Übung

MACH DEN KÖRPERCHECK!

Ein gutes Training, um die eigenen Bedürfnisse besser spüren zu lernen, ist der so genannte Bodycheck. Dabei konzentrieren wir uns ganz bewusst darauf, wie es unserem Körper gerade geht - und zwar Körperteil für Körperteil vom Kopf abwärts bis zu den Füßen. Am besten klappt das im Liegen, es geht aber auch im Stehen, Sitzen oder Gehen. Als Erstes spüren wir also ganz bewusst zum Kopf hin: Wie geht es ihm, was macht er? Tut irgendwas weh, ist irgendetwas unangenehm? Kann ich ihm irgendetwas Gutes tun? Manche Menschen massieren sich zum Beispiel die Schläfen oder das Gesicht, wenn sie spüren, dass sie dort verkrampft sind. Dann geht es körperabwärts: Wie geht es meinen Schultern? Sind sie locker oder verspannt? Was machen meine Arme und meine Hände, mein Brustkorb, mein Rücken, mein Bauch und mein Po? Wie fühlt sich meine Blase an, wie mein Darm? Wie geht es meinen Beinen, meinen Knien, meinen Füßen? Die Grundidee dabei ist, sich mit Aufmerksamkeit und Freundlichkeit dem eigenen Selbst zuzuwenden und den eigenen Körper wie einen guten Freund zu fragen: Alles okay mit dir? Brauchst du irgendwas von mir? Kann ich dir was Gutes tun? Menschen, die diesen Bodycheck regelmäßig machen - zum Beispiel jeden Abend bei der Einschlafbegleitung - berichten häufig, dass sie sich dadurch schnell besser spüren lernen. Manche nutzen die Methode auch als Einschlafhilfe für sich selbst: Nach einem anstrengenden Tag abends im Bett zu allen Körperteilen einzeln hinzuspüren hilft ihnen dabei, das Gedankenkarussell anzuhalten und innerlich zur Ruhe zu kommen.

3. KAPITEL

Persönliche Grenzen wahren

»Stopp! Nein! Ich will das nicht!«

Es ist wichtig, dass wir als Eltern lernen, solche Sätze zu sagen, und zwar ohne Scham und Schuldgefühle. Es ist nicht egoistisch, die eigenen persönlichen Wohlfühlgrenzen zu spüren und zu wahren. Es ist essenziell notwendig für ein Familienleben, in dem es uns allen miteinander dauerhaft gut gehen kann. Es ist nie zu früh, damit anzufangen – und nie zu spät. Heißt im Klartext: Kein Baby ist zu klein dafür, dass seine Eltern persönliche Grenzen haben dürfen. Ich persönlich habe das erst in meinem vierten Wochenbett verstanden. Natürlich kümmerte ich mich auch um dieses, mein jüngstes Baby, mit derselben Hingabe, mit der ich mich auch um seine älteren Geschwister gekümmert hatte. Aber ich achtete gleichzeitig auch auf meine eigenen Bedürfnisse. Was bedeutete, dass auch mein minikleines Neugeborenes manchmal einen winzigen Moment warten musste, bevor es bekam, was es brauchte. Weil ich noch mal eben schnell zur Toilette musste. Oder mir ein großes Glas Wasser und einen Schokoriegel holen.

Der Kinderarzt Herbert Renz-Polster sagt bei seinen Vorträgen gern, Eltern hätten seit Anbeginn der Menschheitsgeschichte die Aufgabe gehabt, Zumutungen möglichst fair zu verteilen. Schließlich gab es schon immer begrenzte Ressourcen. Früher ging es dabei viel um Nahrung, heute in reichen Industrienationen eher um die Ressourcen Zeit, Kraft und Nerven. Doch das ändert nichts an dem Grundproblem, dass eine Familie nicht überleben kann, wenn Eltern ihrem Kind alles geben und sich selbst nichts. Stattdessen geht es darum, eine Balance zu finden, in der alle möglichst viel von dem bekommen, was sie brauchen.

Ich halte das für einen kraftvollen, wichtigen Gedanken: dass es beim Elternsein nicht darum geht, unsere Kinder vor allen Zumutungen zu schützen, sondern darum, diese Zumutungen gerecht zu verteilen und unsere Kleinen mit dem manchmal daraus resultierenden Frust nicht allein zu lassen. So wie ich meinem Neugeborenen zugemutet habe, einen Moment auf meinem Arm auf die nächste Stillmahlzeit zu warten. Wie ich meinem Kleinkind zumute, nicht meinen Geburtstagsstrauß zerrupfen zu dürfen und Zähne putzen zu müssen. Wie ich meinem Vorschulkind zumute, keine Cola zu bekommen und auch dann in den Kindergarten zu gehen, wenn es lieber zu Hause bliebe. Wie ich meinen Teenagern zumute, im Haushalt mitzuhelfen, statt unbegrenzt am Handy zu daddeln. Wir dürfen unseren Kindern also durchaus etwas zumuten – um sie vor Gefahren zu schützen, aber auch zugunsten unseres eigenen Wohlbefindens. Wir dürfen »Nein« und »Stopp« und »Gleich« und »Ich will das nicht« sagen. **Dabei tragen wir jedoch die Verantwortung dafür, dass die Waage nicht kippt: Wenn die Bedürfnisse der Eltern dauerhaft und ständig schwerer wiegen als die der Kinder, ist das genauso ungut, wie wenn es umgekehrt passiert.**

Doch was, wenn Bedürfnis gegen Bedürfnis steht? Wenn mein Kind etwas von mir braucht, während ich das Gegenteil brauche? Auch das wird im Familienleben immer wieder vorkommen. Manchmal ist es möglich, die Erfüllung bestimmter Bedürfnisse zu delegieren: Vielleicht kann jemand anders meinem Kind besser geben, was es gerade braucht? Eine Bekannte von mir, die in England lebt, ist beispielsweise alleinerziehende Mutter eines sehr mitteilsamen kleinen Jungen, und manchmal klingeln ihr nach einem langen Tag mit ihm fast die Ohren, weil er so viel erzählt und erzählt und erzählt. Hat sie dann das Bedürfnis nach Ruhe und Rückzug und er weiterhin das Bedürfnis nach Austausch und Verbindung, tritt die in Deutschland lebende Oma per Videotelefonie auf den Plan: Nun kann er ihr eine Zeit lang erzählen, was ihn beschäftigt, während seine Mutter sich ins Schlafzimmer zurückzieht und die Stille genießt.

Nicht immer gibt es jedoch solche Patentlösungen. Und dann? Als sehr hilfreich empfinde ich in diesem Zusammenhang eine Frage, die bereits in den während der 1970er-Jahre entwickelten sogenannten Kloeters-Briefen – Elternbriefen, die Familien bei der Kindererziehung unterstützen sollten – eine zentrale Rolle spielt: »Wer leidet mehr?« **Die Grundidee ist, bei einem Interessenkonflikt wirklich genau hinzuschauen, wessen Bedürfnis in diesem Moment den höchsten Leidensdruck erwirkt – und sich diesem dann zuerst zuzuwenden.** Im Fall des redseligen kleinen Jungen kam meine Bekannte irgendwann zu dem Schluss, dass – Videotelefonie hin oder her – ihr Bedürfnis nach einer Stunde Ruhe schwerer wiegt als das Bedürfnis ihres Sohnes, auch in dieser Stunde noch ununterbrochen quatschen zu müssen. Und sie machte eine klare Ansage: »Nein, ich höre jetzt NICHT zu. Ich brauche eine Pause.«

Grenzen leichter machen

An eine Grenze zu stoßen ist unangenehm – egal, wie freundlich und klar sie kommuniziert wird. Wir kennen das von uns selbst: Es schmerzt, wenn wir in einer Freundschaft um einen Gefallen bitten und dieser abgelehnt wird. Es tut weh, wenn wir uns auf einen Ausflug oder eine Einladung gefreut haben, und dann platzt der schöne Plan. Und es ist wenig zermürbender, als sich bei der Arbeit an irgendwelche Vorschriften halten zu müssen, deren Sinn sich uns nicht erschließt. Unsere Kinder stoßen im Alltag ständig an solche Grenzen. Sie wollen ihre Winterstiefel anziehen und sollen die Sandalen nehmen. Sie wollen ihr Würstchen in Ketchup ertränken und bekommen die Flasche abgenommen. Sie wollen im Supermarkt ein Spielzeug kaufen und werden auf Weihnachten vertröstet. Hinter all diesen Neins stehen mit Sicherheit gute Gründe. Doch das macht den Frust nicht kleiner. Im Gegenteil: Etwas zu wollen und nicht zu dürfen fühlt sich einfach mies an.

Die klassische Erziehung hat darauf nur eine Antwort: Das Leben ist kein Ponyhof, da müssen sie durch. Was in vielen Familien bedeutet, dass das vor Frust wütende oder weinende Kind ignoriert wird, »bis es wieder lieb sein kann«. Die Idee dahinter ist, dass das Kind lernen soll, dass es mit seiner Wut nicht weiterkommt. Was es in Wirklichkeit lernt, ist: Wenn es mir schlecht geht, verdiene ich keine liebevolle Zuwendung und keine Aufmerksamkeit. Will ich die, muss ich brav sein. Hochproblematische Botschaft, die viele aus unserer Elterngeneration heute mit Fachkräften aufzuarbeiten versuchen, wie ich von meiner Freundin Anna Hofer weiß, die als psychologische Beraterin mit jungen Eltern arbeitet. »Ich würde in diesen Sitzungen so oft gerne die Zeit zurückdrehen«, erzählte sie mir einmal. »Und den Eltern der Menschen, die da vor mir sitzen, sagen: Ihr dürft Nein sagen und gleichzeitig nett zu euren Kindern sein.« **Sie selbst nennt das ein »Nein mit Schleife«.**

In der Praxis sieht das dann beispielsweise so aus, dass mein Grundschulkind heult und schreit, weil es keine Lust auf Hausaufgaben hat, sondern gleich zu seiner Freundin will. Ich als Mutter bestehe aber darauf, dass erst die Aufgaben erledigt werden, weil ich weiß, wie es sonst ausgeht – mit einem völlig übermüdeten Kind abends noch Mathe zu machen, würde garantiert in einem Drama enden. Also: »Nein, du darfst jetzt nicht sofort zu deiner Freundin gehen.« Das ist die Grenze. »Aber ich mache dir gerne einen Kakao und setze mich zu dir, bis du fertig bist.« Das ist die Schleife. **Eine Geste der zugewandten Verbundenheit, die die Grenze nicht aufhebt, aber leichter erträglich macht.**

Es gibt unzählige Möglichkeiten, unseren Kindern die Zumutung einer Grenzziehung leichter zu machen. Das kann eine Umarmung sein oder ein Kuss, ein freundliches Wort oder eine andere Geste, die zeigt: Ich wahre hier zwar eine Grenze, bin dabei aber immer noch fest mit dir verbunden. Es ist nicht schwach oder feige, Grenzziehungen mit solchen liebevollen Gesten abzumildern. Im Gegenteil: Es ist ein Zeichen des Respekts.

Gleichzeitig gibt es jedoch auch Situationen, in denen der Frust so groß ist, dass jede gut gemeinte Geste alles nur noch schlimmer machen würde. Wenn ich meinem Kindergartenkind das zweite Eis verboten habe, und es vor mir auf dem Boden liegt und tobt und brüllt und schreit, gibt es oft erst mal kein Friedensangebot, das zu ihm durchdringen könnte. Es ist wie im Tunnel: Eis oder gar nichts. Doch auch in solchen Fällen kann ich meinem Kind dabei helfen, mit der Grenzziehung umzugehen: indem ich seinen Stress nicht noch schlimmer mache. Das ist oft gar nicht so leicht, wie es klingt. Denn aus unserer Erwachsenensicht ist es oft schwer verständlich, wenn ein Kind so ausrastet, nur weil wir eine völlig vernünftige und nachvollziehbare Grenze ziehen, erst recht, wenn wir doch vorher erst total großzügig waren: Es hatte doch sogar schon ein Eis! Doch es ist nicht das verbotene Eis selbst, das kleine Kinder so in Rage bringt. Es ist die Grenze, an die sie stoßen. **Denn sie macht ihnen bewusst, dass sie nicht so über sich selbst bestimmen können, wie sie das gerne täten.** Und das ist insbesondere für Kinder zwischen anderthalb und fünf Jahren – also Kinder in der so genannten Autonomiephase, in der Kinder ihr Ich entdecken – immer wieder aufs Neue eine schwere Kränkung. Und ja, in gewisser Weise müssen sie da durch.

Es ist für ihre Persönlichkeitsentwicklung wichtig, dass sie ihr Selbstbild dabei durch Interaktion mit anderen Menschen verändern. So gehört es zur menschlichen Entwicklung dazu, dass kleine Kinder von zwei bis drei Jahren oft regelrechte Allmachtsfantasien entwickeln, in denen sie alles bestimmen wollen – sogar, wann es abends dunkel wird und der Mond aufgeht. Diese Phase ist wichtig, spüren Kinder darin doch ihre Kraft und Selbstwirksamkeit. Doch nur im Wechselspiel mit dem Erleben verschiedener Grenzen wird dieses omnipotente Selbstbild durch ein Bewusstsein eigener Limitationen ergänzt: »Ich kann viel, aber nicht alles« – um diese Erkenntnis wirklich zu verinnerlichen, brauchen kleine Kinder oft bis zu vier Jahre. Und dann brauchen sie noch einmal mehr Zeit, bis sie diese Erkenntnis auch auf andere Menschen übertragen können, also verstehen, dass auch Mama und Papa nicht alles können, was sie wollen. Das verstehen viele Kinder erst im fünften Lebensjahr, und können dann ganz allmählich erst Verständnis dafür entwickeln, dass wir ihnen nicht alle Wünsche von den Augen ablesen können wie gottgleiche Wesen, für die sie uns halten.

Das heißt: Unsere Kinder brauchen die Erfahrung verschiedener

Grenzen für ihre Entwicklung. Aber sie brauchen Jahre, um mit diesen Grenzen so umgehen zu lernen, wie wir uns das vorstellen: cool, verständnisvoll und gefasst. **Bis dahin ist es normal, dass sie bei jeder Grenzerfahrung wütend, traurig oder sogar regelrecht aggressiv reagieren.** Und viel verständnisvolle Begleitung brauchen, um diesen Frust bewältigen zu können. Ob es also um das zweite Eis geht, das wir nicht kaufen wollen, oder die Sonne, die wir nicht am Untergehen hindern können, obwohl unser Kind so gern noch weiter draußen spielen würde: Widerstehen wir der Versuchung, die Anlässe, aus denen unsere Kinder verzweifeln, als lächerlich und nichtig abzuwerten, und gestehen wir unseren Kindern stattdessen zu, die Gefühle zu haben, die sie nun mal haben. Dabei kann helfen, sich daran zu erinnern, wie verzweifelt, wütend und traurig wir uns selbst in unserem Leben schon gefühlt haben, wenn wir gegen eine Grenze gestoßen sind: Weil wir die erhoffte Beförderung nicht bekamen, das Schwangerwerden nicht so einfach klappte, eine Liebe unerfüllt blieb. Klar mögen uns diese erwachsenen Dramen gewichtiger vorkommen als der Kinderkummer, den wir da begleiten, doch das ändert nichts daran, dass der Schmerz, den unser Kind in diesem Moment empfindet, unserem eigenen sehr ähnlich ist: Es will etwas und kann es nicht haben. Das tut weh, und das darf es auch. **Unser Kind macht also kein Drama, es erlebt ein Drama.** Das ist kein Grund für Schuldgefühle, aber für Mitgefühl.

Wir dürfen Grenzen aufzeigen und dabei freundlich bleiben, begleiten und trösten. Das macht unsere Grenze nicht weniger klar – im Gegenteil.

Persönliche Grenzen und Mental Load

Wir brauchen neue Gummistiefel in Größe 26. Und müssen den Zettel vom Kindergarten noch unterschreiben. Wir müssen daran denken, dass unser jüngstes Kind morgens seine Tablette nimmt und dass das Besuchskind morgen eine Erdnussallergie hat. Wir dürfen die Wäsche in der Waschmaschine nicht vergessen und die durstigen Topfpflanzen auf der Fensterbank. Und wenn wir bei Omas Geburtstag am Wochenende nicht mit leeren Händen dastehen wollen, muss irgendjemand Blumen und Pralinen besorgen.

In einer Familie gibt es unzählige Dinge, an die zu denken wichtig ist – so viele, dass das Drandenken allein richtig Arbeit ist, die Kraft und Nerven und Gehirnkapazitäten kostet. Seit einigen Jahren hat sich für diese unsichtbare Fürsorgearbeit des Drandenkens, des Auf-dem-Schirm-Habens und Organisierens der treffende Begriff Mental Load, also Gedankenlast, eingebürgert. Für viele Menschen – und insbesondere für viele Mütter – ist dieser Begriff sehr wichtig geworden, um benennen zu können, was sie, neben der sichtbaren Arbeit im Familienalltag, noch alles tun – und warum sie oft so erschöpft sind. Denn die Gedankenlast einer ganzen Familie im eigenen Kopf zu halten, ist Schwerstarbeit, die niemals endet. Nicht abends im Bett, nicht beim Autofahren, nicht bei einer kurzen Verschnaufpause am Esstisch nach der Kita. Die gedankliche To-do-Liste poppt immer wieder auf: Daran muss ich noch denken, das ist noch zu tun, dies darf mir auf keinen Fall durchrutschen. Dass sich in den allermeisten Familien Frauen für diese Alltagsorganisation zuständig fühlen, ist reine Sozialisationssache. Mädchen wird seit Jahrhunderten beigebracht, besonders aufmerksam und umsichtig sein zu müssen, um liebenswert zu sein. Viele Frauen nehmen diese

Rolle unbewusst an – und bemerken erst, wenn sie die komplizierte Logistik einer mehrköpfigen Familie mehr oder weniger allein stemmen und sie unter dieser Last fast zusammenbrechen, wie unfassbar viel Arbeit sie da jahrelang geleistet haben, ohne es selbst auch nur wahrzunehmen.

Hören Männer zum ersten Mal vom Konzept des Mental Load, verfallen viele oft erst einmal in eine Art Verteidigungsmodus und listen auf, woran sie im Familienalltag ganz allein denken: Die Termine zum Reifenwechsel vereinbaren. Oder Rasenmähen. Und klar, das stimmt: Auch Väter tragen in ihrem Alltag Gedankenlast mit sich herum. Aber, das ergeben alle Untersuchungen zum Thema, in den allermeisten Familien wirklich nur einen winzigen Bruchteil des Mental Load, den Mütter tagtäglich tragen – allein schon, weil ein Reifenwechsel zweimal im Jahr ansteht und Rasenmähen alle paar Tage mal im Sommer, während die komplexen Informationen des zwischenmenschlichen Zusammenlebens auf dem Schirm zu haben und zu priorisieren ständig anfällt, pausenlos, das ganze Jahr. »Ja, dann sag mir halt, was ich noch tun soll«, bekommen Frauen oft zu hören, wenn sie darüber sprechen, wie überlastet sie sich im Alltag fühlen. Doch genau das ist das Problem: Wer doch einfach mal klare Ansagen machen und delegieren lernen soll, hat die gedankliche Arbeit, was jetzt dran ist und worum es sich zu kümmern gilt, bereits getan.

Was hat all das mit Grenzen zu tun? Nun: Den gesamten Mental Load einer Familie nahezu allein zu tragen, sorgt dafür, dass gerade Mütter oft weit über ihre eigenen Belastungsgrenzen hinausgehen. Sie arbeiten ohne Pause, ihr Gehirn kommt nie zur Ruhe. Die Folge: Dauerstress, Unzufriedenheit, Schlafstörungen. Und: mehr Ungeduld und Fahrigkeit mit den Kindern. »Warum hast du schon wieder deinen verdammten Sportbeutel vergessen? Muss ich dir wirklich alles hinterhertragen?« Heißt konkret: **Eine ungerechte Aufgabenverteilung, bei der ein Elternteil nahezu allein die emotionale und gedankliche Verantwortung für das Wohlergehen der Familie trägt, erhöht nicht nur das Risiko für ein handfestes Burn-out, sie befördert auch einen ungesunden Umgang mit Grenzen in der Familie.** Denn Kinder wachsen dann damit auf, dass Mama einerseits wie von selbst und scheinbar mühelos an alles denkt und alles im Griff hat – und andererseits manchmal wie aus heiterem Himmel plötzlich ausrastet und rumschreit, dass sie es satthat, dass keiner hier mitdenkt. Beides ist nicht geeignet, um Kindern zu vermitteln, dass auch Eltern Grenzen haben – und gesunde Wege benötigen, diese zu wahren.

Ein wichtiger Schritt hin zu gesunden Grenzen im Familiensystem ist es deshalb, wenn Elternpaare sich gemeinsam mit dem Thema Mental Load und Arbeitsbelastung auseinandersetzen und eine faire Lösung finden, die Gedankenlast in ihrer Familie gerechter zu verteilen. Zu dieser Verteilung gehört – das ist wichtig! – die komplette Verantwortungsübernahme. Eine Freundin von mir hat sich etwa mit ihrem Mann darauf geeinigt, dass sie sich um allen Mental Load bezüglich des Schulbesuchs ihrer Tochter kümmert und er sich um alles, was rund um den Kindergartenbesuch des gemeinsamen Sohnes anfällt. Das heißt: Ob Elternabend oder Elterngespräch, ob Entschuldigungszettel oder Kuchenbasar – es ist jeweils ganz klar nur ein Elternteil zuständig. Damit auch die Lehrkräfte und Erzieher*innen sich daran halten, haben sie auch jeweils nur die Telefonnummer des zuständigen Elternteils in die Akten aufnehmen lassen. Denn die Erfahrung zeigt: Sonst wird im Zweifelsfall doch wieder die Mutter angerufen. In einer anderen Familie, die ich kenne, hat der Mann beispielsweise die komplette Verantwortung für alle Kindergeburtstage und Kinderarztbesuche übernommen, und zwar von der Planung und Organisation über die Durchführung bis zur Nachlese, was sich bei den vier Kindern des Paares ganz schön summiert. Ob wir also die Verantwortung für die Wäsche komplett abgeben oder die fürs Mahlzeitenplanen, Einkaufen und Kochen – entscheidend ist, dass der Punkt damit wirklich von unserer inneren To-do-Liste verschwindet und wir auch nicht mehr überprüfen müssen, ob der andere wirklich dran denkt.

Und dann ist es wichtig, diese Arbeit sichtbar zu machen. Unseren Kindern also zu zeigen, was wir alles tun – nicht, um ihnen Schuldgefühle zu machen, sondern um Verständnis dafür zu wecken, dass Ressourcen endlich sind. Erledigen wir nämlich alle Arbeit lächelnd, leise und beinahe unbemerkt wie die Heinzelmännchen, dürfen wir unseren Kindern keinen Vorwurf machen, wenn sie sich daran gewöhnen und denken, so sei das eben: Mama macht immer alles. Benennen wir hingegen, was wir tun, und sprechen wir mit ihnen über die Arbeit des Drandenkens und Zuständigseins und binden wir sie altersgerecht dabei ein, geben wir ihnen die Chance, Grenzen in einer ganz wichtigen Form kennenzulernen: als natürliche Begrenzung von Ressourcen. Wenn Mama allein kocht, wäscht, putzt und bügelt, ganz allein alle Kraft dafür investieren muss, ist sie danach müde und kaputt. Geben wir hingegen alle etwas von unserer Kraft dazu, verbraucht jeder Einzelne viel weniger Energie, sodass am Ende alle noch Ressourcen zum Spielen, Vorlesen oder Toben haben.

Grenzerziehung im Familienleben beginnt also mit einem offenen Umgang damit, dass wir alle begrenzt sind – in unserer Leistungsfähigkeit, in unserer Kraft, in unserer Fürsorgefähigkeit. Das widerspricht radikal dem Bild der perfekten Mutter, das wir oft verinnerlicht haben, und ist gerade deshalb so eine wichtige Botschaft für unsere Kinder und uns selbst: Mütter dürfen müde sein. Mütter dürfen nicht mehr können. Mütter dürfen um Hilfe bitten. Mütter dürfen Verantwortung abgeben. Mütter dürfen zeigen, was sie alles tun. Und sie dürfen Anerkennung und Wertschätzung dafür erfahren, anstatt als selbstverständliche Versorgerinnen hingenommen zu werden. Mütter dürfen Grenzen haben. Väter dürfen Grenzen haben. Und Kinder dürfen auch Grenzen haben. Das ist der Anfang.

4. KAPITEL

Gesunde Grenzerfahrungen

Unsere persönlichen Grenzen zu spüren und zu wahren schützt uns und stärkt unser Selbstwertgefühl. Denn mit jeder Grenzziehung zeigen wir nicht nur unserem Gegenüber, sondern auch uns selbst: Ich bin es wert, dass man auf mich und meine Bedürfnisse achtgibt. Deshalb ist es so wichtig, dass das Recht, Grenzen aufzuzeigen, für alle Menschen gilt – die Kleinen wie die Großen. Wenn wir Erwachsenen spüren, dass uns etwas unangenehm oder zu viel ist, ist es wichtig, dieses Gefühl nicht einfach zu übergehen. Umgekehrt sollten wir, wann immer es geht, auch abwehrende Signale unserer Kinder ernst nehmen: Wenn ein Kind nicht zu mir auf den Schoß will oder Oma und Opa kein Küsschen geben mag, sich irgendwann nicht mehr vor uns ausziehen und uns auch nicht mehr nackt sehen will, ist es wichtig, dass wir über solche Gefühle nicht hinweggehen, sondern sie respektieren.

Dass es in einer Familie solche Grenzen geben darf, ist für alle wichtig. Denn beides, Grenzen zu vertreten wie auch Grenzen zu erfahren und zu wahren, sind wichtige menschliche Grunderfahrungen, die sowohl für die seelische Gesundheit Erwachsener als auch für die gesunde Entwicklung von Kindern und Jugendlichen eine große Rolle spielen. Extreme sind dabei immer ungut: Das ständige Einschränken kindlicher Erfahrungsräume durch strenge Regeln und Strafandrohungen, wie es in der autoritären Erziehung üblich ist, lässt Kinder unsicher, angstvoll und verschüchtert zurück, während ein Aufwachsen in völliger Regel- und Grenzenlosigkeit, wie es die antiautoritäre Erziehung postulierte, sich für Kinder oft nach Halt- und Beziehungslosigkeit anfühlt, die sie einsam, verunsichert und verloren macht.

Der goldene Mittelweg ist ein bindungs- und beziehungsorientiertes Miteinander, in dem Kinder die Freiheit haben, die Welt zu entdecken, und die Grenzen erfahren, die ihnen dabei Halt und Rahmen bieten und für ihre Gesundheit und Sicherheit Sorge tragen. Als *nicht zu streng, nicht zu eng*, beschreibt meine Freundin, die Pädagogin und Familienbegleiterin Inke Hummel, diesen Weg in ihrem gleichnamigen Bestseller und betont, dass alle Eltern in Belastungs- und Stresssituationen die Tendenz haben, in eines der beiden Extreme zu kippen, Grenzen also entweder zu hart und unnachgiebig zu setzen oder gar keine Grenzen mehr zu halten. Das ist so menschlich wie normal und spiegelt oft schlicht wider, wie unglaublich belastet Eltern heute in ihrem Alltag oft sind. Erleben wir Eltern uns selbst dabei, wie wir im Alltag mit unseren Kindern entweder innerlich verhärten oder vor lauter Erschöpfung gleichgültig werden und auf Grenzverletzungen kaum noch reagieren, weil wir innerlich resigniert haben, ist das deshalb kein Grund für Scham und Schuldgefühle, sondern eine Einladung, genauer hinzuschauen: Was trägt dazu bei, dass es mir so schlecht geht? Und an welcher Schraube kann ich vielleicht drehen, damit unser Familiensystem wieder ins Lot kommt, damit ich mit meinem Kind wieder so umgehen kann, wie es mir und meinen Werten entspricht?

Oft antworten Eltern, wenn sie gefragt werden, was sie in ihrem Alltag am meisten belastet, mit einer Beschreibung der anstrengenden Verhaltensweisen ihres Kindes. Und ja, Kinder können sehr herausforderndes Verhalten an den Tag legen, sei es, weil sie gerade in einer auch für sie sehr fordernden Entwicklungsphase stecken, wie der Autonomiephase oder der Pubertät, sei es, weil sie einfach ein sehr intensives und gefühlsstarkes Temperament haben oder weil sie etwa aufgrund einer ADHS- oder Autismus-Symptomatik besonderer Begleitung und Unterstützung bedürfen.

Trotzdem sind es meist, genau genommen, nicht unsere Kinder selbst, die uns so stressen, sondern die Rahmenbedingungen, in denen wir sie großziehen: der finanzielle Druck in unserem Nacken, die mangelnde Unterstützung in unserem Umfeld, die fehlende Familienfreundlichkeit in Job und Gesellschaft, dazu der Stress einer bedrohlichen globalen Nachrichtenlage, die uns manchmal den Schlaf raubt. Für viele Familien kommen zu diesem Stresspaket noch mannigfaltige Diskriminierungserfahrungen dazu, etwa weil sie weiblich, alleinerziehend, arm, behindert, rassifiziert, Teil der LGBTQ+ Community sind, wobei viele dieser Diskriminierungsformen ineinandergreifen – Alleinerziehende sind in den meisten Fällen weiblich und arm, arme Eltern sind häufig rassifiziert und/oder behindert, Menschen aus der LGBTQ+ Community sind häufiger arm und öfter von Arbeitslosigkeit bedroht. Gleichzeitig gibt es auch Menschen, die auf den ersten Blick alles haben und prima dastehen – mit einem großen Haus, einem hübschen Garten, zwei Autos vor der Tür – und die trotzdem unter immensem Stress stehen, etwa aufgrund von Krankheiten, Beziehungskonflikten oder gar Partnerschaftsgewalt, die in allen gesellschaftlichen Schichten vorkommt. Und natürlich gibt es auch Schicksalsschläge, die ein Familienleben völlig aus der Bahn werfen können: eine Krebsdiagnose im engsten Kreis, ein plötzlicher Todesfall, ein schwerer Konflikt in der Familie, der bis zum Beziehungsabbruch führen kann.

In meiner Arbeit mit Eltern spreche ich in diesem Zusammenhang gern von einem Rucksack, den wir alle mit in unser Elternsein nehmen und der sehr unterschiedlich schwer bepackt ist. Je leichter unser Reisegepäck ist und je gerader und komfortabler unsere Wanderstrecke als Eltern, desto leichter wird es uns fallen, jenes Erziehungsverhalten an den Tag zu legen, das sich klar als das günstigste für die kindliche Entwicklung erwiesen hat: liebevoll und zugewandt, verständnisvoll und klar, mit vielen Freiheiten und freundlich vertretenen Regeln und Grenzen, die Halt und Sicherheit geben.

Ist der eigene Rucksack jedoch besonders schwer bepackt – sei es durch schwere Kindheitserfahrungen im Gepäck, durch Diskriminierung und Gewalt, durch besondere Belastungssituationen oder schlicht durch eine Menge Alltagsstress –, ist es immer schwerer, diese ausbalancierte Erziehungsarbeit zu leisten. **Denn um Kinder zugewandt und klar auch dann begleiten zu können, wenn es schwierig wird, brauchen wir Ressourcen: Kraft, Geduld, Nerven.** Genau die fehlen uns aber, wenn wir gefühlt permanent mit dem Rücken an der Wand stehen.

Wie liebevoll Kinder groß werden, ist also nicht nur eine Frage der richtigen Haltung, wie viele Erziehungsratgeber behaupten. Es gibt unzählige Eltern, die wissen genau, wie es besser ginge. Sie können es nur nicht umsetzen, weil die Last des Rucksacks sie zu Boden drückt. Es ist mir deshalb zu einfach gedacht, das Thema Grenzen im Familienalltag allein auf der individuellen Ebene zu behandeln und an Eltern zu appellieren, eben besser für sich zu sorgen und klarere Grenzen zu vertreten. Denn solche Tipps verstellen den Blick auf das strukturelle Problem, das Familienleben für viele heute so schwer macht: dass es unfassbar schwer ist, den eigenen Kindern gegenüber gesunde Grenzen zu spüren und zu wahren, wenn das eigene Leben eine Ansammlung permanenter Grenzüberschreitungen ist.

Die Auseinandersetzung mit Grenzen hat also viel mit Privilegien zu tun. Je besser ich dastehe, je leichter mein Rucksack ist, desto mehr Energie kann ich darauf verwenden, eine stimmige Balance für meine eigene Familie zu finden. Das heißt nicht, dass dieser Weg sich für mich deshalb leicht oder unbeschwert anfühlt oder mich keine Kraft kosten würde. Doch dass ich die Ressourcen aufbringen kann, mich meinen eigenen Prägungen zu stellen und einen neuen Weg des Grenzenwahrens mit meinem Kind zu finden, ist bereits ein Luxus, den nicht alle Eltern haben. Erlebe ich deshalb irgendwo Familien, die aus meiner Sicht ihr Kind zu streng oder zu eng begleiten, ist es hilfreich, daran zu denken, dass auch sie aller Wahrscheinlichkeit nach das tun, was mit ihrem individuellen Rucksack an Belastungen gerade möglich ist.

Grenzen zu wahren ist nicht immer gleich leicht

Manchen Kindern fällt es relativ leicht, die Grenzen anderer Menschen zu wahren. Andere tun sich damit bis ins Erwachsenenleben hinein schwer. Ihre Eltern haben oft Schuldgefühle: Warum kann mein Kind einfach keine Grenzen respektieren? Warum ist es so rücksichtslos und selbstzentriert?

Schauen wir uns deshalb genauer an, warum Kinder so unterschiedlich auf Grenzen reagieren. Und was wir dafür tun können, dass auch unser Kind einen sozialverträglichen Umgang mit den Grenzen anderer Menschen lernt.

Erste wichtige Erkenntnis dabei: Wie wir auf Grenzen reagieren, hängt stark mit unserem angeborenen Grundtemperament zusammen. Ob ein Fünfjähriger freundlich aufgezeigte Grenzen einhalten kann, ist also nicht einfach Erziehungssache – sondern in weiten Teilen eine Frage seiner angeborenen Persönlichkeitsstruktur. Denn wir Menschen kommen nicht alle mit denselben Grundeigenschaften zur Welt. Im Gegenteil: **Das Spektrum unserer angeborenen Charakterzüge ist vielfältig und weit gefächert.** Sogenannte regulationsstarke Menschen kommen etwa mit einer hohen angeborenen Selbstregulationsfähigkeit zur Welt. Sie bringt so schnell nichts aus der Ruhe. Ihr Wesen ist ruhig und ausgeglichen, ihre Impulskontrolle entwickelt sich rasch. Deshalb fällt es ihnen leicht, aufgezeigte Grenzen zu respektieren. Die kleine Lina ist ein solches regulationsstarkes Kind. Bereits mit zweieinhalb Jahren ist sie in der Lage, ihre Lust auf einen Keks zurückzustellen, wenn ihr Papa ihr erklärt, dass es in wenigen Minuten Abendessen gibt. Sie hat dann zwar immer noch Lust auf den Keks – aber ihr Gehirn ist bereits in der Lage, Bedürfnisaufschub zu leisten und auf den Keks zu warten, den es gleich nach dem Abendessen gibt. Der gleichaltrige Luis hingegen kann das noch nicht. Als gefühlsstarkes Kind ist er mit einer geringen Selbstregulationsfähigkeit zur Welt gekommen und mit einer hohen Sensibilität. Er empfindet sämtliche Bedürfnisse und Wünsche sehr stark und hat ihnen aufgrund seiner noch schwach ausgeprägten Impulskontrolle wenig entgegenzusetzen. Will er einen Keks, will er ihn JETZT. Sein Bedürfnis bewusst aufzuschieben ist ihm noch unmöglich.

Beide Kinder sind ganz normale Zweijährige und als solche altersgerecht entwickelt. Und trotzdem sind sie so verschieden! **Zwischen dem regulationsstarken und dem gefühlsstarken Wesen**

liegt ein breites Spektrum an Temperamenten, die alle von der individuellen Selbstregulationsfähigkeit, Erregbarkeit und Impulskontrolle des jeweiligen Kindes geprägt sind. Das führt dazu, dass ein und dieselbe Situation sich für jedes Kind etwas anders anfühlt – weshalb auch die Reaktionen unterschiedlich ausfallen. Regulationsstarke Kinder gelten oft als wohlerzogen und pflegeleicht, weil sie eher selten ausgewachsene Wutausbrüche haben. Gefühlsstarke Kinder hingegen tragen ihre Emotionen sehr stark nach außen, explodieren häufig und heftig, weshalb ihren Eltern oft unterstellt wird, sie hätten sie nicht gut erzogen. Dabei ist das Unsinn: Wir sind einfach, wer wir sind. Der US-amerikanische Persönlichkeitsforscher Jerome Kagan hat in aufwendigen Langzeitstudien mit mehreren Tausend Babys, die über Jahrzehnte hinweg begleitet wurden, folgendes herausgefunden (mehr dazu in seinem Buch *The Log Shadow of Temperament*): Etwa 40 Prozent aller Menschen kommen mit einem regulationsstarken Grundtemperament zur Welt (er nennt sie »low reactives«), etwa 20 Prozent als gefühlsstarke Kinder (»highly reactive children«), und weitere 40 Prozent liegen irgendwo dazwischen, wobei es bei sämtlichen Grundtemperamenten auch eine starke erbliche Komponente gibt. **Und je nachdem, welche »Werkseinstellung« das eigene Kind mitbekommen hat, fällt ihm das Grenzenwahren leichter oder schwerer.**

Der zweite wichtige Punkt: Grenzen zu respektieren lernen Kinder am einfachsten in einem angenehmen, stressarmen Familienklima, in dem große Klarheit darüber herrscht, was okay ist und was nicht. Je mehr Unruhe und Unklarheit im Familiensystem sind, desto schwerer fällt es Kindern, Grenzen als solche zu erkennen und zu akzeptieren.

Richten wir zum besseren Verständnis den Blick auf zwei fünfjährige Kinder, Juli und Kim. Juli lebt mit seinen Eltern und seinem sechs Jahre älteren Bruder in einer großzügigen Altbauwohnung einer deutschen Großstadt. Der Familie geht es gut: Die Eltern haben Jobs, die sie mögen und in denen sie gut verdienen, außerdem im Alltag Unterstützung durch die in der Nähe lebenden Großeltern und eine tolle Montessori-Schule um die Ecke, die Juli besucht. Juli ist ein gefühlsstarkes Kind, dem das Wahren von Grenzen schwerfällt. Julis Eltern begegnen diesem Umstand mit viel Verständnis – und mit großer Klarheit. Weil sie merken, dass es Juli schwerfällt, sich selbst zu regulieren, bieten sie im Alltag viel Regulationshilfe an, unter anderem in Form eines sehr festen Tagesplans. Mittags nach der Schule gibt es eine gemeinsame kleine Teestunde zum Runterkommen am Küchentisch mit einem Snack für Juli und einem Kaffee für Mama oder Papa. Dann ruht sich Juli eine halbe Stunde mit einem Hörspiel in seinem Zimmer aus, danach sind Hausaufgaben dran, dann Spielen. Abends gibt's eine halbe Stunde Fernsehen vor dem Essen, danach beginnt das Ins-Bett-bring-Ritual. Begehrt Juli gegen diese feste Struktur auf und will beispielsweise erst fernsehen und dann Hausaufgaben machen, begegnen Julis Eltern dem mit großer Entschiedenheit: Nein, der Plan steht, wir machen es so wie jeden Tag, erst sind die Hausaufgaben dran, Fernsehen gibt es abends. Dadurch verinnerlicht Juli: So läuft das bei uns eben. Und fügt sich in den für ihn vorgegebenen Rahmen ein.

Kim ist ebenfalls ein gefühlsstarkes Kind. Auch er lebt in einer deutschen Großstadt, allerdings in einer kleinen Sozialwohnung, gemeinsam mit seiner kleinen Schwester und ihrer alleinerziehenden Mutter. Auch Kims Mutter weiß, dass zu viel Fernsehen Kim nicht guttut. Aber häufig hat sie schlicht keine Kraft für Kämpfe. Während der Trennung ist sie in eine depressive Episode gerutscht. In dieser Zeit ging es ihr so schlecht, dass sie zum Rausgehen und Spielen nach der Arbeit schlicht keine Energie mehr hatte. Sie war froh, wenn sie es schaffte, ein warmes Essen auf den Tisch zu bringen. Das Tablet war in dieser Zeit ihre Rettung: Damit war Kim ruhig und zufrieden, und sie konnte zumindest kurz mal durchatmen. Irgendwann forderte Kim das Tablet immer häufiger ein: Beim Essen, während der Hausaufgaben, abends im Bett. Bekam er es nicht, schrie und tobte er wie von Sinnen. Manchmal schaffte sie es, ihn abzulenken. Manchmal nicht. Einmal hätte sie ihm beinahe eine runtergehauen, weil er so ohrenbetäubend brüllte. Erschrocken hielt sie in der Bewegung inne – und rückte dann eben doch das Gerät raus. Doch jetzt die Medienzeit wieder einzugrenzen, fühlt sich wie ein Ding der Unmöglichkeit an. Kim ist einfach so hartnäckig, ausdauernd und willensstark – und seine Mutter so ausgebrannt, traurig und erschöpft. Jetzt fragt er schon wieder: »Mama, kann ich Tablet?« »Meinetwegen«, seufzt sie und gibt ihm das Gerät. »Aber nimm die Kopfhörer, ja? Ich habe Kopfschmerzen und brauche Ruhe.«

In der klassischen Erziehungsliteratur wäre klar: Julis Eltern machen einen guten Job in Sachen Grenzen und Kims Mutter einen schlechten: weil sie zu nachgiebig ist, zu inkonsequent und zu schwach, weil sie zu oft »einknickt«. Doch stimmt das wirklich? Ich finde: Nein. Keine Frage: Julis Eltern machen das gut mit den Grenzen. Sie haben die Ressourcen und Rahmenbedingungen, ihrem Kind mittels einer klaren Struktur und fester Regeln Halt und Sicherheit zu vermitteln. Und Kims Mutter? Tut das auf ihre Weise und unter ihren Rahmenbedingungen auch. Wenn es ihr schlecht geht, sorgt sie für sich, anstatt ihre eigenen Grenzen zu übergehen – und findet derweil eine ungefährliche und kostenfreie Beschäftigung für ihr Kind. Hat sie mehr Kraft, geht sie wieder stärker in die Regulation und setzt auch so manches Nein zum Tablet durch – doch wenn sie merkt, dass sie an ihre Belastungsgrenze kommt und gewalttätig zu werden droht, entscheidet sie so pragmatisch wie korrekt, dass etwas mehr Fernsehen immer die bessere Wahl ist als Zuschlagen aus Überforderung. Natürlich ist die Grenze in Sachen Medienzeit für Kim unklarer als für Juli und lädt zu mehr Protest und Betteln um Ausnahmen ein. Doch das heißt nicht, dass seine Mutter Kim deshalb keine Grenzen vermittelt. Wenn sie ihn etwa darum bittet, Kopfhörer zu verwenden, damit sie nicht von seinen Serien beschallt wird, wenn sie Ruhe braucht, wahrt sie damit eine persönliche Grenze. Und Kim? Respektiert sie und setzt das Gewünschte um.

Was zeigt: **Grenzziehungen sind so vielschichtig wie Familiensysteme, und wir sollten sehr vorsichtig damit sein, die angeblich mangelnde Konsequenz von Eltern als haltungsschwach zu verurteilen.** Einen klaren, verlässlichen, beständigen Rahmen zu bieten, muss das Leben einer Familie erst einmal hergeben. Und wenn es das nicht tut, ist es eine kluge Entscheidung, die eigenen Belastungsgrenzen höher zu priorisieren als feste Familienregeln.

Gleichwohl zeigen die Beispiele von Kim und Juli, dass die Fähigkeit von Kindern, Grenzen zu akzeptieren und zu wahren, nicht nur von angeborenen Persönlichkeitsmerkmalen beeinflusst ist, sondern auch von den Rahmenbedingungen ihres Lebens. Dabei ist es mir sehr wichtig, nicht von »guten« und »schlechten« familiären Hintergründen zu sprechen, sondern schlicht von sehr verschiedenen Ausgangsbedingungen, die sich durch verschiedene Belastungsfaktoren immer wieder verändern können: Ich kenne Alleinerziehende, die trotz vielen Drucks im Nacken ihren Kindern einen sehr klaren, verlässlichen Rahmen bieten, und gut situierte Elternpaare, die in ihrem Alltag so kämpfen, dass es ihren Kindern öfter mal an Halt und Orientierung fehlt. Grundsätzlich gilt jedoch: Grenzen zu akzeptieren lernen Kinder am besten in einem Umfeld,

Meine
Kraft liegt
in meiner
Klarheit.

in dem sie die Erwachsenen, die für sie sorgen, als natürliche Autoritäten erleben. **Der große dänische Familientherapeut Jesper Juul sprach in diesem Zusammenhang von »Eltern, die wie Leuchttürme sind«: standhaft, friedvoll und klar.** Wünschen wir uns also für unser Familienleben, dass unsere Kinder lernen, Grenzen besser zu wahren, ist der erste Schritt dahin, uns selbst an einen Ort zu bringen, an dem wir für unsere Kinder eine solche natürliche Autorität sein können. Natürliche Autoritäten brauchen keine Drohungen und keine Strafen, um ihre Anliegen durchzusetzen. Und Kinder haben keine Angst vor ihnen. Sie gehorchen nicht, sie folgen – aus tiefem Vertrauen heraus. Um für ein Kind eine natürliche Autorität zu sein, die es von sich aus als »Familienleitwolf« annimmt, braucht es eine große innere Klarheit darüber, wer ich bin und was ich will. Meine Kraft liegt in meiner Klarheit, nicht in meiner Überlegenheit. Mein Stopp muss ein Stopp sein und mein Nein ein Nein, ohne dass ich dafür meine Stimme erheben müsste. So weit die Theorie. In der Praxis ist das manchmal schier nicht umzusetzen. Aber wir können uns diesem Ideal zumindest annähern – Schritt für Schritt, Situation für Situation, wieder und wieder.

Vielleicht findest du in den folgenden Erfahrungswerten meiner Kursteilnehmenden wertvolle Impulse für deine eigenen »Grenzsensoren« – und einen gesunden Umgang mit ihnen:

× »Wenn mir auf einmal alles zu laut wird, ist das mein Warnsignal: Achtung, jetzt bin ich gleich an meiner Belastungsgrenze. In solchen Momenten schütze ich mich mit Kopfhörern, die die Geräuschkulisse dämpfen, und mache mir wenn möglich eine dampfende Tasse goldene Milch, die ich in kleinen Schlucken trinke. Dabei komme ich runter und kann mich wieder spüren.«

Praktische Übung

SPÜREN, DASS DIE GRENZE NAHT

Wir können unsere eigenen Grenzen nicht sehen, deshalb erkennen wir oft erst, dass sie überschritten wurden, wenn es schon zu spät ist.

In meinen Workshops zum Thema Grenzen lasse ich die Teilnehmenden gemeinsam sammeln, woran sie merken, dass ihre Grenze überschritten ist. Eine typische Liste der Merkmale für Grenzüberschreitungen sieht dann zum Beispiel so aus:

- Ich fühle mich überrannt und platt gewalzt.
- Ich werde auf einmal unglaublich wütend.
- Ich kann keine Berührung mehr ertragen.
- Ich gerate in eine Abwärtsspirale aus Wut, Frust und Aggression.
- Ich tue mir selbst leid und wünsche mir, dass jemand kommt und mich rettet.
- Ich will nur noch weg.

Doch diese Empfindungen sind nicht die ersten emotionalen Regungen, die mit einer (drohenden) Grenzüberschreitung einhergehen, sondern das letzte Aufbäumen unseres Körpers, wenn wir all seine leiseren Frühwarnzeichen nicht registriert haben. Ein wichtiger Schritt hin zu klareren Grenzziehungen ist es deshalb, das Herannahen einer Grenzüberschreitung an den eigenen Reaktionen zu erkennen - und zwar bevor diese passiert, sodass wir sie noch abwenden können. Wir dürfen uns das vorstellen wie ein Erdbebenfrühwarnsystem: Je sensibler wir auf das kleinste Zittern reagieren, desto besser können wir uns in Sicherheit bringen. Achte also im Alltag darauf, was deine Frühwarnzeichen dafür sind, dass deine Grenzen in Gefahr geraten.

- »Bei mir ist Berührungsempfindlichkeit ein ganz wichtiger Punkt. Wenn ich auf einmal kaum noch Hautkontakt aushalten kann, ist es höchste Zeit, dass ich mich zurückziehe, um mich selbst wieder zu erden. Da ich alleinerziehend bin, ist das manchmal ganz schön schwierig, weil mein Kind sehr nähebedürftig ist und gerade in Stresssituationen viel körperliche Koregulation braucht. Was uns beiden in solchen Momenten hilft, ist, uns Rücken an Rücken aneinanderzulehnen, wobei jeder über seine eigenen Kopfhörer Musik hört. So sind wir zusammen und doch für uns.«

- »Meine Frühwarnzeichen sind körperlicher Natur:
Ich fange an zu schwitzen, ich atme schneller, meine Augen fangen an zu zucken, mein Herz schlägt schneller. Früher habe ich diese Signale ignoriert, weil ich dachte, als Mutter ist man halt mal im Stress. Heute weiß ich: Mein Körper will mir damit sagen, dass es jetzt wirklich gerade nicht gesund für mich ist, mich weiter zu belasten. Also erkaufe ich mir dann mit Fernsehen und Süßigkeiten eine Auszeit – besser als zusammenzuklappen.«

- »Dass meine Grenze naht, merke ich daran, dass mich plötzlich alles nervt. Mein ganzer Blick ist nur noch negativ: Mein Mann ist faul, meine Kinder sind anstrengend, unser Haus ist ein einziges Chaos, alles doof. Mittlerweile weiß ich: Wenn ich mich so fühle, brauche ich dringend Bewegung an der frischen Luft, um mein überreiztes Nervensystem wieder zur Ruhe kommen zu lassen. Wenn ich dann wiederkomme, finde ich meine Familie auch wieder nett.«

× »Mein wichtigster Indikator, dass meine Grenze bald überschritten ist, ist mein Essverhalten: Ich fange dann plötzlich an, in einem fort Sachen in mich hineinzustopfen, und habe dabei überhaupt kein Sättigungsgefühl mehr. Ich bin einfach nur noch gestresst und versuche, die Überforderung zusammen mit der ganzen Schokolade runterzuschlucken, was natürlich nicht funktioniert. Spüre ich heute im Alltag mit den Kindern plötzlich so einen Heißhunger, weiß ich: Jetzt muss ich aufpassen und gut auf mich selbst achten – so gut das eben im Alltag mit dreijährigen Zwillingen geht …«

5. KAPITEL

Grenzen vermitteln – ganz konkret

Unseren Kindern gegenüber gilt es also zwei Arten von Grenzen zu vertreten: Zum einen unsere ganz persönlichen: was wir mögen, was wir nicht mögen, was sie bitte lassen sollen. Bei diesen Grenzen geht es um uns und unsere Bedürfnisse, die wir nach außen klar vertreten und im Zweifelsfall auch gegen Widerstand verteidigen dürfen. Weil bedürfnisorientiertes Familienleben heißt, dass die Bedürfnisse alle wichtig sind und Respekt verdienen.

Und dann gibt es noch Grenzen, die wir unseren Kindern gegenüber nicht für uns, sondern für sie hochhalten: zu ihrem Schutz, ihrer Sicherheit, ihrer Gesundheit und um ihnen altersangemessen Halt und Rahmen zu bieten. Diese Grenzen legen wir als Erwachsene fest und halten sie hoch, weil wir überzeugt davon sind, dass sie unseren Kindern guttun – selbst, wenn sie dagegenhalten.

Beide Arten von Grenzen dürfen wir als Eltern ohne schlechtes Gewissen vertreten – aber wir sollten uns darüber klar sein, welche Art von Grenze wir gerade hochhalten und warum. Im Alltag vieler Familien ist genau das jedoch häufig nicht der Fall. Da erlauben und verbieten Eltern nach Gutdünken alles Mögliche, und ihr Kind hat keine Chance, herauszufinden, welche Beweggründe hinter all diesen Regeln stehen. Das fühlt sich nach unfairer Willkürherrschaft an – und provoziert Widerstand. **Es ist deshalb eine gute Idee, den Sinn bestimmter Grenzziehungen kurz zu erklären – nicht in epischen Rechtfertigungsmonologen, sondern klar und prägnant:**

- *»Nein, du darfst mit dieser Schüssel nicht Trommel spielen, weil mir das zu laut ist.«*
- *»Stopp, da darfst du nicht draufklettern, weil ich diese Leiter für unsicher halte.«*
- *»Um alleine zu deiner Freundin zu gehen, bist du mir noch zu klein. Da musst du zwischen parkenden Autos durch, und ich habe Sorge, dass du dabei übersehen und angefahren werden könntest.«*
- *»Mama und ich haben beschlossen, dass du diese Spritze bekommst, weil sie dich vor einer schlimmen Krankheit schützt.«*
- *»Halt! Unser Schlafzimmer ist für deinen Freund und dich kein Spielplatz, weil das unser Rückzugsort ist. Ihr könnt im Kinderzimmer oder auf dem Hof spielen.«*

Gleichzeitig gilt: Gerade was unsere persönlichen Grenzen angeht, sind wir nicht in der Erklärungspflicht. Es kann durchaus gute Gründe geben, warum wir etwas nicht wollen, ohne uns dafür erklären zu müssen. Dann dürfen auch Kinder lernen, was die Autorin Anne Lamott einst so treffend formulierte: »Nein ist ein vollständiger Satz.«

Grenze oder Glaubenssatz?

Eltern dürfen zu ihren Kindern Nein sagen – aber in diesem Nein liegt auch eine große Macht, die wir nicht leichtfertig einsetzen sollten. Gerade weil wir unseren Kindern theoretisch fast alles verbieten könnten, ist es in einem respektvollen Familienleben so wichtig, genau das nicht zu tun. Denn die Freiheit eines anderen Menschen einzuschränken ist manchmal notwendig, aber aus moralischer Sicht keine Kleinigkeit. Wir sollten es deshalb nur dann tun, wenn es wirklich einen guten Grund dafür gibt.

Welche guten Gründe das sein können, haben wir bereits erörtert: Wir haben das Recht, unseren Kindern gegenüber unsere persönlichen Grenzen zu wahren und auch für die anderer einzustehen. Und wir dürfen Regeln durchsetzen, die ihrer Sicherheit und ihrem Schutz dienen. Was so einfach und logisch klingt, ist auf den zweiten Blick jedoch eine ganz schön komplizierte Abwägung: Welches Risiko rechtfertigt welche Einschränkung? Welche Regel hat wirklich welche Schutzfunktion? Und ist das, was ich für meine persönliche Grenze halte, wirklich meine persönliche Grenze – oder vielmehr ein Glaubenssatz, den ich verinnerlicht habe und der mir zuflüstert, dass man das hier einfach nicht macht?

Schauen wir uns zur Verdeutlichung die Familie von Marc und Oliver an, die mit zwei Pflegekindern in einer Kleinstadt in Hessen lebt. Olivers Mutter Silvia unterstützt das Elternpaar im Alltag mit seinen Kindern, gerät dabei jedoch immer wieder mit ihrer sechsjährigen Enkelin Livia aneinander. Fast jedes Mal, wenn sie gemeinsam das Haus verlassen wollen, gibt es Streit: weil Livia sich nicht die Haare kämmen lassen will, weil sie Spängchen und Zopfgummis verweigert, weil sie keinen Sonnenhut aufziehen möchte und keine Socken in die Schuhe. »Ich kann doch so nicht mit ihr rausgehen!«, klagt Silvia ihrem Schwiegersohn Marc ihr Leid. »Da sträubt sich alles in mir. Ich stoße da einfach an meine Grenze!«

Okay, könnte man nun sagen: Livias Aufzug verletzt Silvias persönliche Grenze, dann muss sie sich anders anziehen oder sie darf nicht mit raus. Doch was ist mit Livias persönlicher Grenze ihren eigenen Körper betreffend? Ist es wirklich angemessen, ihr Wohlbefinden mit ihrer Kleidung und ihrem Haar den Wünschen der Großmutter unterzuordnen?

Kommt drauf an. Schauen wir also genauer hin: Was stört Silvia am ungekämmten Haar ihrer Enkeltochter? »Also, so kann man doch nicht unter die Leute gehen«, sagt Silvia. »Da schäme ich mich einfach.« Livias ungebändigte Mähne berührt also Silvias Schamgrenze.

Und die fehlenden Socken?

»Das ist doch eklig«, sagt Silvia. »Da schwitzt man doch an den Füßen, und dann stinken die Schuhe.« Hier wird also Livias Ekelgrenze berührt.

Und warum das Insistieren auf Spängchen und Zopfgummis? »Das gehört sich einfach für ein Mädchen«, sagt Silvia. Hier hat sie also eine gesellschaftliche Grenze verinnerlicht, die da besagt: Mädchen dürfen nicht wild, sondern müssen niedlich und adrett aussehen.

Und der Sonnenhut? »Na, sie hat doch so helle Haut, sie soll doch in der Hitze nicht verbrennen!« Hier prägt also ein Schutz- und Gesundheitsgedanke Silvias Empfinden.

Gemeinsam klopfen Marc und Silvia die verschiedenen »Widerstände«, die Silvia in sich spürt, auf ihre Stichhaltigkeit ab: Der Sonnenhut? Klarer Fall, die helle Haut zu schützen ist wichtig. Darauf darf Silvia bestehen. Die fehlenden Socken in den Schuhen? Sind tatsächlich nicht wirklich ein Problem, in modernen Turnschuhen kann man prima auch barfuß laufen. Da darf Silvia lockerlassen. Ebenso wie bei den Spängchen und Zöpfchen – Livia soll und muss sich keinem weiblichen Niedlichkeitsideal unterwerfen. Und die wilden Haare? Sieht man unterm Sonnenhut sowieso kaum noch. So können Oma und Enkelin friedlich miteinander losgehen.

Natürlich ist es nicht immer so einfach: Kinder können sich auch gegen sinnvolle und notwendige Regeln heftig auflehnen, und längst nicht immer ist so leicht zu unterscheiden, was nur gefühlt und was tatsächlich gefährlich ist, wo wir gegen innere Widerstände Freiheiten erlauben sollten und wo Begrenzen wichtig ist. Grundsätzlich gilt jedoch, dass es sich lohnt, eigene Risikoeinschätzungen immer wieder kritisch zu hinterfragen und veraltete Glaubenssätze auszumotten. Unter Glaubenssätzen verstehe ich dabei Überzeugungen, die wir irgendwann in unserem Leben verinnerlicht haben und an denen wir immer noch festhalten, obwohl es eigentlich keinen guten Grund dafür gibt. Viele Glaubenssätze sind leicht daran zu erkennen, dass sie mit dem unpersönlichen Wörtchen »man« beginnen:

- Man spielt nicht mit Essen.
- Man legt die Füße nicht auf den Tisch.
- Man isst zum Frühstück kein Eis.
- Man geht nicht barfuß auf die Straße.
- Man macht keine Hausaufgaben auf dem Fußboden.
- Man sagt nicht »ich will«, sondern »ich möchte«.
- Man muss bitte und danke sagen.
- Man nimmt keine Kinder mit zu Beerdigungen.

Solche pauschalen Ge- und Verbote tragen wir fast alle mit uns herum. Und tun uns unglaublich schwer damit, sie loszulassen, selbst dann, wenn sie uns und unserer Familie überhaupt nicht nützen und nur Stress verbreiten. Nicht falsch verstehen: Natürlich kann es gute Gründe geben, zum Frühstück kein Eis zu essen oder Hausaufgaben am Tisch zu machen. Aber dann ist es wichtig, dass wir diese Grenzen auch mit Sinn füllen: »Ich will, dass du deine Hausaufgaben am Tisch machst, weil deine Schrift dann besser lesbar ist.« Und nicht, weil »man« es halt so macht. Es kann den Familienalltag unglaublich entspannen, wenn wir lernen, alte Glaubenssätze loszulassen und auszuhalten, dass das, was sich für uns fremd anfühlt, nicht falsch sein muss.

- Mit Essen zu spielen macht Spaß, schärft die Sinne und ist normales kindliches Explorationsverhalten.
- Saubere (!) Füße auf den Tisch zu legen ist nicht unhygienisch, nur ungewohnt.
- Barfuß gehen ist sehr gesund.
- Viele Kinder können ihre Hausaufgaben besser bäuchlings liegend erledigen als sitzend am Tisch.
- »Ich will« sagen zu können ist kraftvoll und wichtig, nicht unhöflich oder ungezogen.
- Wir können als Eltern auch für unsere Kinder bitte und danke sagen.
- Und natürlich können auch Kinder das Bedürfnis haben, sich bei einer Beerdigung zu verabschieden.

All diese Beispiele zeigen: Längst nicht jede gefühlte Wahrheit rechtfertigt tatsächlich ein striktes Verbot. Stattdessen dürfen wir uns selbst immer wieder die bewusste Erlaubnis zum »Umparken im Kopf« geben und unsere Vorstellungen von Richtig und Falsch, Angemessen und Ungehörig neu justieren.

Praxisübung

GLAUBENSSÄTZE VERÄNDERN

Gefühlte Wahrheiten sitzen oft tief, und gegen sie aufzubegehren kostet nicht nur Kraft, es fühlt sich am Anfang auch richtiggehend falsch und verboten an. Wenn ich als Mutter beispielsweise den Glaubenssatz verinnerlicht habe, dass es meine Aufgabe ist, meinem Kind alles zu geben, was es mag, damit es niemals weinen muss, kann es sich unvorstellbar schwer anfühlen, zuzuhören, wie das Kleine weint, weil es heute von Papa ins Bett gebracht werden soll. Und kein gutes Argument der Welt kann etwas daran ändern: dass das Kind ja nicht alleine ist, dass der Papa auch eine Chance verdient hat, dass er eine vertraute Bindungsperson ist, dass auch Mütter Pausen brauchen - nichts hilft. Weil Glaubenssätze nicht rational sind, sondern tief emotional besetzt.

Um diese emotionale Verhaftung in Überzeugungen, die uns nicht länger guttun, aufzulösen, kann eine praktische Übung helfen, die ich in meinen Grenzen-Workshops gern einsetze. Dabei lade ich die Teilnehmenden ein, einen für sie besonders schwierigen Glaubenssatz auf ein

Blatt Papier zu schreiben. Ich bin immer wieder berührt, welche Sätze dort dann stehen:

»Als gute Mutter darf ich keine Schwäche zeigen.«
»Gute Elternschaft erkennt man an braven Kindern, die tun, was man sagt.«
»Wenn ich zu lieb bin, tanzt mir mein Kind irgendwann auf der Nase herum.«
»Wenn ein Kind nicht alleine einschlafen lernt, wird es nie selbstständig.«
»Kein Mann kann sich so gut um ein Kind kümmern wie die Frau, die es geboren hat.«

Hart und gnadenlos stehen diese Sätze da. Pauschalaussagen ohne Seele, ohne Nachsichtigkeit uns und unseren Lebensumständen gegenüber. Dogmen, die Angst machen und unter Druck setzen.

Und dann überlegen wir uns, wie wir diese Sätze umdrehen könnten. Durch welche liebevollen, wertschätzenden, bestärkenden Botschaften wir die alten Glaubenssätze ersetzen könnten. Und dann fangen wir an zu basteln. Mit Schere und Kleber, Farbe und Papier bearbeiten wir die alten Glaubenssätze so lange, bis aus ihnen neue, hilfreiche Botschaften geworden sind. Worte werden aus Sätzen geschnitten, durchgestrichen und überklebt. Neue Begriffe ergänzt, alte ausgetauscht. Am Ende sieht das Papier ziemlich chaotisch aus, und in der Mitte steht ein neuer Satz, dem man ansieht, dass es Arbeit war, ihn zu erlangen.

»Als gute Mutter darf ich Schwäche zeigen.«
»Gute Elternschaft erkennt man an Kindern, die sich geliebt und sicher fühlen.«
»Wenn ich lieb zu meinem Kind und mir selbst bin, können wir gemeinsam durchs Leben tanzen.«
»Wenn mein Kind jetzt noch nicht alleine einschlafen lernt, wird es eben später selbstständig.«
»Ein Mann kann sich auf seine Weise um sein Kind kümmern, genau wie die Frau, die es geboren hat.«

Diese neuen, hilfreichen Glaubenssätze können wir uns nun als Reminder an unseren Spiegel heften – bis es Zeit wird, einen neuen Glaubenssatz zu verändern. Der psychologische Hintergrund dieser Übung ist, dass wir bei der kreativen Auseinandersetzung mit Glaubenssätzen diese nicht nur kognitiv infrage stellen, sondern auch mit neuen Emotionen besetzen, was bei einer rein rationalen Vorgehensweise nicht der Fall ist. »Wir bringen die Botschaft mit unseren Händen von unserem Kopf in unser Herz«, beschreibt die US-amerikanische Bestsellerautorin Brené Brown dieses Prinzip. Heißt für uns: Manchmal müssen wir mit unseren eigenen Händen unseren Glaubenssätzen zu Leibe rücken, um sie endlich ziehen lassen zu können.

Meine Grenze – deine Grenze

Ich darf meine persönliche Grenze wahren – das ist eine ganz wichtige Erkenntnis für Eltern. Diese persönlichen Grenzen haben immer mit mir als Person zu tun: mit meinem Körper, meiner Würde, meinen Bedürfnissen. Sie darf ich durch klare Ansagen schützen:

- *»Nein, ich will nicht gekitzelt werden!«*
- *»Nimm bitte deine Hände aus meinem Gesicht!«*
- *»Stopp, das ist mir zu laut!«*
- *»Halt, ich will nicht, dass du so auf mir herumkletterst!«*

Oft stören uns aber auch Dinge, die unsere Kinder tun, weil sie sich für uns anfühlen, als beträfen sie uns. Typisches Beispiel: Das Kind will im Winter keine Mütze tragen und behauptet steif und fest, ihm sei nicht kalt. »Mich friert es schon beim Hinschauen«, sagen Eltern dann oft. »Ich kann das nicht ertragen, es so zu sehen. Das tut mir richtig körperlich weh.«

In solchen Situationen ist wichtig, sich klarzumachen: Meine persönlichen Grenzen sind in meinem Empfinden in meinem eigenen Körper verhaftet. Sie erstrecken sich nicht auf die Körper unserer Kinder. So nah sie uns emotional auch sein mögen: Sie sind eigenständige Persönlichkeiten mit ihren ganz eigenen Empfindungen, wobei gerade das Körperempfinden individuell höchst verschieden ist. Ich selbst bin beispielsweise eine ziemliche Frostbeule, die sich im Winter richtig einmummeln muss, um spazieren gehen zu können. Mein sechsjähriger Sohn hingegen hat eine unglaubliche innere Hitze und kann auch bei acht Grad unbemützt mit warmem Kopf spazieren gehen – wenn ich ihn denn lasse. Was mir schwerfällt, weil ich ständig denke, das kann doch nicht gesund sein. Ist es aber. Kinder auf ihr eigenes Körperempfinden hören zu lassen ist sogar sehr gesund. Weil sie ihre eigenen Grenzen am besten spüren. Genau wie wir unsere. Natürlich gibt es dabei auch Ausnahmen: Kinder, denen es schwerfällt, zu erspüren, was sie brauchen, und die dabei mehr Regulationshilfe benötigen. Die zu geben ist natürlich legitim. Aber da geht es dann nicht um persönliche Grenzen, sondern um Gesundheitsschutz.

Grundsätzlich ist es jedoch wichtig, sich klarzumachen: Meine Grenzen – mein Zuständigkeitsbereich. Deine Grenzen – dein Zuständigkeitsbereich. Wie warm oder kalt sich unsere Kinder kleiden, ob sie ihr Haar kurz oder lang tragen möchten, ob sie ihre Hausaufgaben im Liegen, Stehen oder Sitzen erledigen, ihr Zimmer in Ordnung halten oder nicht – all das ist ihre höchstpersönliche Angelegenheit. Und nicht unsere.

Kindern diese Selbstbestimmung zuzugestehen ist nicht nur aus moralischer Perspektive geboten – es ist auch aktive Missbrauchsprävention. Denn der nachweislich beste Schutz vor gewaltvollen Übergriffen gegenüber Kindern ist die fest in ihnen verankerte Haltung: Mein Körper gehört mir! Anders als viele meinen, passiert sexualisierte Gewalt gegenüber Kindern nämlich in den allermeisten Fällen nicht im Rahmen eines Überfalls, sondern durch schleichende Grenzverschiebungen innerhalb einer bestehenden Beziehung zwischen einem Erwachsenen und einem Kind. Spüren Kinder ihre Grenzen klar und wissen, dass sie sie jederzeit verteidigen dürfen, auch wenn sie Erwachsene damit vor den Kopf stoßen, ist das ein unglaublich wichtiger Schutzfaktor für sie. Gleichwohl kommen so autonome, selbstbewusste Kinder nicht überall gut an. So erzählte mir ein türkischstämmiges Elternpaar einmal am Rande eines Vortrags, dass ihre Großfamilie ganz und gar nicht angetan sei von ihrer Einstellung, ihre kleinen Kinder müssten den älteren Verwandten keine Küsschen geben und nicht auf ihrem Schoß sitzen, wenn sie das nicht wollten. »Das ist ganz klar auch eine kulturelle Sache bei uns«, erklärte der Vater. »So zeigt man in der Türkei den Respekt vor den Älteren.« »Ja, meine Oma schimpft immer, unsere Kinder wären richtig deutsch, so sperrig und selbstbewusst«, bestätigte die Mutter und verdrehte die Augen. »Da beneide ich manchmal meine Freundin, bei der es die Oma selber cool findet, wenn ihre kleine Enkelin Nein zu Küsschen sagt.«

6. KAPITEL

Nein – ein machtvolles Wort

Meine beiden jüngsten Kinder sind zwei und fünf. Sie wollen ständig irgendwas, was sie nicht sollen. Und so ertappe ich mich oft dabei, den lieben langen Tag ganz schön häufig ein Wort zu verwenden: Nein.

Nein, du darfst jetzt nicht fernsehen. Nein, da darfst du nicht rangehen. Stopp, das ist meine Zahnbürste! Halt, das ist mein Lippenstift! Nein, du kannst jetzt nicht ins Zimmer deiner großen Schwester. Nicht mit Essen werfen! Nicht den Orangensaft ins Müsli kippen! Lass deinen Bruder los! STOPP!

Der Journalist Marc Baumann hat für einen Artikel im *SZ-Magazin* im Jahr 2013 mal sein Aufnahmegerät an einem Tag mit seiner kleinen Tochter mitlaufen lassen und zählte am Ende erschrocken 30 Neins und 50 andere Verbote vom Aufstehen bis zum Insbettgehen. Bei einem Kind. Kein Wunder, dass kleine Kinder oft so wütend sind: Sie kriegen wirklich ständig irgendetwas untersagt. So oft Nein zu sagen, erklärte mir einmal der Familientherapeut Jesper Juul in einem persönlichen Gespräch wenige Jahre vor seinem Tod, habe einen ungünstigen Nebeneffekt: Sie verwässern die Bedeutung dieses an sich so kraftvollen Wortes. Wer ständig nur »Nein« hört, hört irgendwann gar nicht mehr zu. »Neintaub« nannte Juul die Kinder, die den Strom der alltäglichen Verbote irgendwann nur noch über sich hinwegziehen lassen, ohne ihnen irgendeine Aufmerksamkeit zu schenken. Es sind einfach zu viele.

Und so viele unnötige. Schließlich sagen wir oft vorschnell Nein zu Dingen, die wir einen kleinen Moment später doch erlauben.

× *»Mama, darf ich noch einen Joghurt?« – »Nein, es gibt gleich Essen.« – »Ich hab aber jetzt Hunger!« – »Na gut, dann nimm dir noch einen.«*

× *»Papa, spielst du mit mir Barbie?« – »Ach nee, ich bin echt müde.« – »Bitte, Papi, nur ganz kurz!« – »Okay, aber wirklich nur kurz.«*

× *»Opa, kann ich noch eine Folge?« – »Nein, wir hatten doch gesagt, nur eine.« – »Aber es ist gerade so spannend!« – »Hm, danach ist aber wirklich Schluss.«*

Ist es falsch, auf solche Kindereinwände hin einzulenken? Nein: So funktioniert zwischenmenschliches Miteinander. **Wir dürfen uns durch gute Argumente umstimmen lassen, wir sollten es sogar.** Genauso, wie wir an sinnvollen, gut begründeten Grenzen festhalten dürfen. Aber wenn wir für solchen Kleinkram das machtvolle Wort Nein verwenden, entwerten wir diesen Begriff. Denn unsere Kinder lernen: Nein, das ist eine Einladung zur Diskussion. Und die Chancen stehen gut, dass daraus mit genügend Gegenwehr sehr fix ein Ja wird, oder zumindest ein »Na gut«. Und das ist ein Problem. Denn ein Nein ist ein Nein ist ein Nein. Und es ist wirklich schwierig, wenn bereits Kinder lernen, dass man ein Nein nur lange genug hinterfragen muss, damit es kippt. Das ist nämlich genau das toxische Mindset, das etwa manche Männer dazu bringt, ihre offensichtlich unerwünschten Avancen nicht einzustellen, sondern zu verstärken – um aus dem ersten Nein doch noch ein Ja zu machen.

In der Alltagskommunikation ist es deshalb hilfreich, auf die typischen »Darf ich …?«-Fragen nicht vorschnell mit Ja oder Nein zu antworten, sondern in einen Dialog einzusteigen.

- *»Mama, darf ich noch einen Joghurt?« – »Hmmm, ich koche gerade Abendessen, das ist in einer halben Stunde fertig. Kannst du so lange warten?« – »Ehrlich gesagt habe ich JETZT ziemlich Hunger.« – »Gut, dann nimm dir einen kleinen Joghurt.«*

- *»Papa, spielst du mit mir Barbie?« – »Puh, ich bin ziemlich müde …« – »Nur ganz kurz, Papi, okay?« – »Okay, kurz können wir spielen.«*

- *»Opa, kann ich noch eine Folge?« – »Du willst noch eine Folge schauen? Wir hatten doch ausgemacht, du schaltest nach dieser Folge aus!« – »Ja, aber jetzt ist es gerade so spannend.« – »In Ordnung, dann darfst du noch eine Folge schauen, aber dann machen wir wirklich aus.«*

Und wenn wir wirklich eine Grenze halten wollen? Können wir das ebenso im Dialog tun.

- *»Mama, darf ich noch einen Joghurt?« – »Schatz, in fünf Minuten gibt es Abendessen, da will ich nicht, dass du vorher noch was* *anderes isst. Deck lieber schon mal den Tisch!« – »Aber ich hab JETZT Hunger!« – »Fünf Minuten, Liebes! Das hältst du aus!«*

- *»Papa, spielst du mit mir Barbie?« – »Puh, ich bin echt müde …« – »Nur ganz kurz, Papi! Bitte!« – »Tut mir leid, ich bin gerade wirklich zu müde. Ich lege mich jetzt eine halbe Stunde hin, und dann können wir spielen!«*

- *»Opa, kann ich noch eine Folge?« – »Du willst noch eine Folge schauen? Wir hatten doch ausgemacht, nur noch die eine?« – »Aber es ist gerade so spannend!« – »Das verstehe ich, aber ich will trotzdem, dass du jetzt ausmachst.«*

Auf diese Weise zeigen wir Kindern, dass wir ihr Anliegen ernst nehmen, und uns ein Bild von der Lage machen, bevor wir dann eine Entscheidung treffen, hinter der wir stehen und die wir in persönlicher, zugewandter Sprache vermitteln können. Mir fällt das leichter, seit ich vom Evolutionsexperten und Kinderarzt Dr. Herbert Renz-Polster gelernt habe, warum Kinder uns oft so fordernd begegnen und so willensstark gegen unsere Grenzziehungen angehen, anstatt sie einfach hinzunehmen, wie sie nun mal sind. Renz-Polster geht davon aus, dass das mit einem Erbe der Menschheitsgeschichte zu tun hat: Die Kinder, die unsere Vorfahren waren, hatten schlicht die besten Überlebenschancen, wenn sie eindrücklich und sehr lautstark für sich einstanden. Denn über 90 Prozent unserer Geschichte lebten wir Menschen als Nomaden, die in Stämmen von Ort zu Ort zogen. Babys wurden am Körper getragen und nach Bedarf gestillt (nicht nur von ihren Müttern, sondern von allen Stillenden im Stamm), doch die nächstälteren Kinder hatten es schwerer, ihre Bedürfnisse befriedigt zu bekommen – weil der Fokus eben tendenziell auf den Kleinsten im Clan lag. Aufgrund der in großen Teilen der Menschheitsgeschichte üblichen langen Stillzeiten gab es in den Stämmen unserer Vorfahren zwar eine gewisse natürliche Empfängnisverhütung, die dazu führte, dass die meisten Kinder erst mit zweieinhalb bis drei Jahren ein jüngeres Geschwisterkind bekamen. Aber dann wurde ihre Versorgung mit einem Schlag ziemlich prekär, weil dann das Baby die Milch und Fürsorge der Mutter bekam, und sie selbst sehen mussten, wo sie blieben. Also mussten Menschenkinder Strategien entwickeln, um ebenfalls etwas abzubekommen, von der Milch, der Nähe, der nur begrenzt verfügbaren Nahrung. Und eine super Survivalstrategie war eben, Nein nicht einfach zu akzeptieren, sondern ordentlich Rabatz zu machen: »Ich will aber Milch! Ich will, ich will, ich will!« Bis die Mutter irgendwann nachgab und das große Kind auch noch mal trinken ließ. So erzählt es Renz-Polster, und so habe ich es vor Augen, wenn eines meiner Kinder wieder einmal nach Eis oder Milchschnitten schreit. »Es kann nicht anders«, sage ich mir dann. »Das ist das evolutionäre Erbe.«

Ich muss dazusagen, dass diese Theorie zum Ursprung der so genannten Trotzphase in der entwicklungspsychologischen Forschung nicht unumstritten ist. Aber mir persönlich hilft sie, milde zu bleiben – und gleichzeitig klar. Denn auch das betont Renz-Polster: **Zur Survivalstrategie der Steinzeitkinder gehörte es auch, mehr zu verlangen, als sie eigentlich brauchten.** Immer in die Vollen zu gehen, Maximalforderungen zu stellen. Wobei von Anfang an einkalkuliert war, dass sie nicht alles, was sie einforderten, auch bekommen würden. Aber eben mehr, als wenn sie keinen Aufstand machen würden. Übertragen auf unser modernes Leben heißt das: Es ist ein normaler Teil der menschlichen Entwicklung, dass Kinder in ihren Forderungen und Wünschen eine Zeit lang ziemlich maßlos sind. Sie dürfen das sein. Sie dürfen schreien und weinen und noch ein Eis wollen, obwohl sie schon eines hatten. Das ist alles Teil einer Entwicklung, die später zu sozialkompatiblen, empathischen Erwachsenen führt. Aber: Wir müssen ihnen deshalb nicht alles geben, was sie wollen. Sondern dürfen auch dagegenhalten. Die Maximalforderungen auf ein vernünftiges Maß zusammenstutzen, Frust zumuten, einbremsen. **»Es gehört von jeher zu den Aufgaben von Eltern, auch Zumutungen zu verteilen«**, fasst Herbert Renz-Polster diesen Umstand zusammen – nicht ohne darauf hinzuweisen, dass diese Verteilung möglichst fair gestaltet sein müsse. **Weder die Eltern noch die Kinder sollten die ganze Last dabei tragen.** Stattdessen bekommt mal der eine seinen Willen und mal der andere, und oft trifft man sich irgendwo in der Mitte. Und all diese Erfahrungen sind kostbar und wichtig für die kindliche Entwicklung – die schönen genauso wie die schwierigen.

Ein kostbares Wort namens Nein

Keine Elterngeneration hat mehr mit ihren Kindern gesprochen, diskutiert und auf Augenhöhe verhandelt als unsere. Wir wollen unsere Kinder ernst nehmen, ihnen zuhören, ihre Bedürfnisse und Wünsche verstehen. Und das ist ganz wunderbar so, denn diese Erfahrung macht unsere Kinder fürs Leben stark und unsere Beziehung zueinander sicher und gut. Gleichzeitig ist es wichtig, dass wir Eltern verstehen, dass eine Familie nie ein vollkommen demokratisches Gefüge sein kann, in dem alle die gleichen Rechte und Pflichten haben. Aus dem einfachen Grund, dass Kinder andere

Praktische Übung

LA PAUSE

Sich von französischen Eltern Erziehungstipps abzuschauen, ist immer ein bisschen gewagt, weil in Frankreich oftmals leider noch eine recht autoritäre, wenig an kindlichen Bedürfnissen orientierte Erziehung praktiziert wird. Deshalb sind auch all die Berichte von den angeblich so viel braveren französischen Kindern mit Vorsicht zu genießen - viele Kinder sind dort schlicht aus Angst vor Strafen ziemlich angepasst und nicht, weil ihre Eltern so viel besser im Grenzenwahren wären. Eine in Frankreich sehr verbreitete Idee im Umgang mit Kindern finde ich jedoch tatsächlich recht hilfreich, und das ist »la pause«, also eine kurze, bewusst gesetzte Pause zwischen einem Wunsch, einer Frage oder einer Forderung eines Kindes - und unserer Antwort darauf.

Die Grundidee dabei ist, uns nicht von dem oft mit sehr viel Druck und Dringlichkeit vorgebrachten Anliegen eines Kindes so stressen zu lassen, dass wir reagieren, bevor wir darüber nachgedacht haben. Stattdessen soll man sich einen kurzen Moment Ruhe gönnen, um dann mit Bedacht zu reagieren. Natürlich gibt es sehr unterschiedliche Vorstellungen davon, wie lange diese Pause ausfallen und in welchen Situationen sie angewandt werden soll. So predigen viele französische Erziehungsratgeber la pause bereits im Umgang mit schreienden Neugeborenen: Eltern sollen demnach auf sie immer mit einer leichten Verzögerung reagieren, damit diese allmählich lernen, sich selbst zu beruhigen. Das ist natürlich Quatsch: Um eine sichere Bindung und ein gutes Urvertrauen zu entwickeln, brauchen kleine Babys es unbedingt, dass wir prompt und angemessen auf sie reagieren, also ohne künstliche Zeitverzögerung. Wo ich la pause allerdings für sinnvoll erachte, ist im Alltag mit Kindern ab etwa zwei Jahren. Und zwar nicht als Machtdemonstration, sondern wirklich als kurzes Innehalten, um mich selbst zu sammeln.

Die Eltern, die meine Grenzen-Workshops besuchen, haben mir jedenfalls rückgemeldet, dass es auch bei ihnen einen immensen Unterschied macht, sich einen Moment zum Nachdenken zu nehmen, wenn ihr Kind sie mit irgendeinem dringenden Anliegen bestürmt, anstatt sich gezwungen zu fühlen, sofort zu antworten. Oft reichen dafür wenige Sekunden. Vielen hilft, sie abzuzählen: einundzwanzig, zweiundzwanzig, vierundzwanzig, atmen. Und dann antworten, ruhig und bedacht. Wichtig ist, in der Zwischenzeit in Verbindung zu bleiben: Worte wie »Moment, ich denke darüber nach« oder »Lass mich einen Augenblick überlegen« signalisieren dem Kind, dass wir es gehört haben. Auch eine Hand auf der Schulter kann anzeigen, dass wir uns um das Anliegen kümmern, nur eben nicht augenblicklich.

Selbstverständlich können wir la pause auch im Miteinander unter uns Erwachsenen nutzen und unserem oft von Hektik und Zeitnot geprägten Familienleben damit abgewinnen, was wir alle dringend brauchen: immer wieder kleine Pausen, die wir brauchen, um einen klaren Gedanken zu fassen und unsere innere Haltung wieder zu spüren.

Entwicklungsaufgaben haben als Erwachsene, und bestimmte Rahmenbedingungen für dieses Wachstum brauchen.

Dazu gehört, dass sie nicht die Verantwortung für das Wohlergehen der Erwachsenen tragen sollten, während die Erwachsenen in einer Familie sehr wohl die Verantwortung für das Wohlergehen der Kinder tragen. Und so wichtig es ist, dass Kinder die Freiheit haben, über sich und ihren Körper zu entscheiden, so wichtig ist es auch, dass sie nicht die alleinige Verantwortung dabei tragen, sondern Erwachsene an ihrer Seite wissen, die für ihre Gesundheit und Sicherheit sorgen. In einer modernen Familie sollten Eltern und Kinder nicht gleichberechtigt, aber gleichwürdig sein, also das gleiche Recht auf Würde haben – so formulierte es Jesper Juul. Und zu dieser Gleichwürdigkeit gehört auch, dass wir Erwachsenen unserer Führungsrolle in der Familie gerecht werden und nicht aus Angst davor, von unseren Kindern dann nicht mehr geliebt zu werden, vor klaren oder unbequemen Ansagen zurückschrecken. Konkret heißt das: Es ist nicht hilfreich, wenn Kinder ständig Neins von uns hören. Doch ein mit Bedacht ausgesprochenes, wichtiges und klares Nein hat absolut seinen Platz im bindungsorientierten Familiengefüge. Und wenn sich das Wort nicht durch einen Dauergebrauch abgenutzt hat, kann es für Kinder auch die Signalwirkung haben, die es so wertvoll macht. »Nein«, das heißt: Bis hierher und nicht weiter. An dieser Stelle ist Schluss. Dies ist eine Grenze. Und diese Grenze ist dein Halt.

Wann sollte dieses Wort also zum Einsatz kommen? Dann, wenn kein Diskussionsspielraum besteht:

Im Straßenverkehr, etwa an der Fußgängerampel: **Nein, nicht bei Rot.**

Meine
Grenze
ist *dein*
Halt.

- Auf dem Gehweg an einer viel befahrenen Straße: *»Nein, du bleibst an meiner Hand.« »Nein, hier kannst du nicht Laufrad fahren.« »Nein, das ist gefährlich.«*

- Wenn es um Alkohol, Zigaretten und andere Suchtmittel geht: *»Nein, das kannst du nicht probieren.« »Nein, auch nicht einen Schluck.« »Nein, das ist für Kinder giftig.«*

- Wenn es um notwendige medizinische Eingriffe und Medikamentengaben geht: *»Nein, der Zugang bleibt dran.« »Nein, die Spritze muss sein.« »Nein, dieses Pflaster über deinem Auge ist nicht verhandelbar.«*

- Wenn es um körperliche oder verbale Gewalt geht: *»Nein, du darfst nicht schlagen.« »Nein, du darfst nicht treten.« »Nein, du darfst nicht hauen.« »Nein, du darfst deinen Bruder nicht ›Kakapups‹ nennen. Das verletzt seine Gefühle. Das geht nicht. Nein.«*

Ein solches, seltenes Nein, mit großer innerer Klarheit vorgetragen, hat auf viele Kinder eine überraschend starke Wirkung. Sie spüren intuitiv: Hier ist wirklich Schluss mit lustig. Das ist die Kraft natürlicher Autorität. Aber: Immer klappt das nicht. Es gibt mehrere Umstände, die dazu führen können, dass ein Kind auch auf ein starkes, klar kommuniziertes Nein hin nicht stoppt.

Typische Gründe dafür sind:

- **Unreife** Das Kind ist in seiner Entwicklung noch nicht so weit, das Verbot umsetzen zu können – etwa, weil ihm dafür die Impulskontrolle fehlt. Denn die Fähigkeit, Handlungen verlässlich zu unterlassen, obwohl ich sie gern durchführen würde, entwickeln Kinder im Schnitt erst zwischen fünf und sieben (!) Jahren.

- **Müdigkeit** Erschöpfte Kinder haben kaum noch Kontrolle über das, was sie tun, und können kommunizierte Grenzen in ihrem Gehirn oft nicht mehr angemessen verarbeiten. Entsprechend ungestüm und erratisch ist oft ihr Verhalten – nicht umsonst sagt der Volksmund, übermüdete Kinder verhalten sich wie Betrunkene.

- **Bindungsunsicherheit** Ein Kind, das sich der Beziehung zu einer erwachsenen Bezugsperson nicht sicher ist, überschreitet oft bewusst gesetzte Grenzen, um herauszufinden, ob es auch dann noch gut behandelt wird. Dahinter steckt das Bedürfnis, bedingungslos geliebt zu sein – auch dann, wenn ich genau das Gegenteil von allem mache, was mir gesagt wird.

- **Übermut** Sind Kinder besonders aufgeregt und überdreht, gelangen sie manchmal in eine Art Rauschzustand aus Glückshormonen, der ihnen das Gefühl verleiht, unverletzlich und grenzenlos frei zu sein. Ein großartiges Gefühl, das aber auch risikoaffin macht und dafür sorgt, dass Kinder auf ein »Stopp!« plötzlich nicht mehr hören.

- **Gruppendynamik** In jeder Gruppe gelten eigene Regeln und in Kindergruppen besonders. Entwickelt sich ein Kind zum Rädelsführer, zählen seine Ansagen oft mehr als alle bekannten Verbote Erwachsener, was dazu führen kann, dass selbst Kinder, die sonst sehr gut auf ein Nein hören, plötzlich Dinge anstellen, auf die sie alleine nie gekommen wären.

In all diesen Situationen gilt: Es ist keine bewusste Entscheidung der Kinder, jetzt nicht auf ein Nein zu hören. Sie können es gerade nicht und brauchen deshalb ein besonderes Maß an Unterstützung und Koregulation, um sich selbst und andere nicht in Gefahr zu bringen.

Praktische Übung

EINE MÜNZE FÜR JEDES NEIN

Um mir selbst bewusst zu machen, dass ein Nein eine kostbare Währung im Familienleben ist, mit der es hauszuhalten gilt, um sie nicht zu entwerten, stecke ich mir manchmal frühmorgens zehn goldene 10-Cent-Münzen in meine rechte Hosentasche. Jede von ihnen steht für ein klares Nein, das ich im Alltag mit meinen Kindern einsetzen darf. Sie sind sozusagen meine Nein-Ration für den Tag. Jedes Mal, wenn ich ein klares Nein nutze, wandert eine der Münzen in meine linke Hosentasche. So kann ich mit meinen Händen jederzeit erspüren, wie viele Nein-Münzen ich noch übrig habe, und teile mir meine Neins bewusst ein.

An manchen Tagen habe ich, wenn alle Kinder schlafen, sogar noch ein paar Münzen übrig, weil ich fast alle Interessenkonflikte im Dialog gelöst habe! An anderen Tagen gebe ich das Experiment nach zwei Stunden entnervt auf, weil alle Münzen weg sind. That's life - morgen ist ein neuer Tag.

7. KAPITEL

Was tun, wenn Widerstand kommt?

Die meisten Eltern, die mir begegnen, wollen Herausforderungen und Probleme im Familienalltag gern einvernehmlich und im Dialog lösen. Daran ist auch grundsätzlich nichts verkehrt. Im Gegenteil: Die Erfahrung, gemeinsam einen kreativen Weg gefunden zu haben, unterschiedliche Bedürfnisse unter einen Hut zu bekommen, ist für Kinder wie Eltern eine ganz wertvolle Erfahrung. Gleichzeitig sollte uns unsere Sehnsucht nach Einvernehmlichkeit und Harmonie nicht dazu verleiten, zu glauben, wir dürften Grenzen nur im Dialog festlegen. Wenn eine Grenze uns selbst betrifft, haben wir nämlich die alleinige Entscheidungsfreiheit – auch gegen Widerstand.

Besonders häufig begegnet mir dieses Thema in der Stillberatung, in der es ja fast immer um das Wohlergehen zweier Menschen geht: der Person, die stillt, und der Person, die gestillt wird. Geht es einer von beiden in der Gesamtsituation nicht gut, darf sie etwas ändern. Und zwar auch ohne um Erlaubnis zu fragen. Heißt konkret: Natürlich ist es nachvollziehbar, wenn Stillende ihrem Stillkind wünschen, es möge irgendwann von selbst das Ende der Stillzeit einläuten. Doch es ist genauso legitim, das Stillen einzuschränken oder zu beenden, wenn es nur einer Person mit dem Stillen reicht – und zwar der, deren Brüste dabei beansprucht werden. Wir dürfen also ohne Schuldgefühle, Rechtfertigungen oder externe Erlaubnis beschließen, das Stillen nur noch zu bestimmten Zeiten oder in bestimmten Situationen zuzulassen oder ganz zu beenden. Genau, wie wir vertreten können, dass wir unser Kind nicht mehr tragen werden oder nicht mehr bei uns im Bett schlafen lassen. All diese Entscheidungen können richtig, wichtig und valide sein – unter einer Bedingung: Wir dürfen unser Kind mit seinem Frust über diese Grenzziehung und seinen dadurch erst einmal unerfüllten Bedürfnissen nicht alleine lassen.

Konkret heißt das: Stillen ist kein Bedürfnis, aber beim Stillen erfüllen sich Kinder oft viele Bedürfnisse auf einmal – etwa das nach Nahrung und Nähe, aber auch das nach Ruhe und Geborgenheit sowie nach oraler Stimulation. Entscheide ich mich, mein Kind fast nicht mehr oder gar nicht mehr zu stillen, ist es meine Aufgabe, es empathisch und geduldig durch seinen Abschiedsschmerz zu begleiten und ihm andere Möglichkeiten anzubieten, seine Bedürfnisse zu stillen: mit Kuscheln und einer Milchflasche vielleicht, oder mit Tragen und einem Schnuller, oder mit Liedern und einem Schnuffeltuch – welche Bedürfnisse auch immer für mein Kind gerade im Vordergrund stehen.

Genauso verhält es sich mit anderen Gewohnheiten, die wir unseren Kindern ab- und umgewöhnen: Keiner muss sein Kind gegen seinen Willen im Familienbett schlafen lassen, aber dann muss das Bedürfnis nach Nähe, Sicherheit und Geborgenheit eben in der Nacht immer wieder am Kinderbett erfüllt werden. Niemand muss ein kleines Kind noch tragen, aber das Bedürfnis nach Nähe und nach körperlicher Entlastung auch unterwegs geht davon nicht weg – also braucht es vielleicht einen neuen Buggy und mehr Zeit zum gemeinsamen Bücherangucken oder Hörspielehören daheim.

Je nach Temperament eines Kindes kann es sehr schwer sein, solche Veränderungen durchzusetzen. Gerade sehr willensstarke Kleinkinder können regelrecht außer sich geraten, wenn sie gegen ihren Willen abgestillt oder vom Familienbett entwöhnt werden sollen. Ich hatte mal eine Mutter in der Beratung, der hatte ihr kleiner Sohn vor lauter Wut darüber, dass sie ihm die geliebte Brust verweigerte, sogar das T-Shirt zerrissen! Es ist wichtig, sich klarzumachen, dass Kinder kein Theater machen, wenn sie sich so gebärden. Sie sind wirklich tief verzweifelt, krass wütend und unglaublich traurig über diesen Schritt. Und es ist auch legitim, angesichts dieses Schmerzes noch einmal umzuentscheiden. Aber das muss nicht passieren. Eltern können mit ihrem Kind auch gemeinsam durch diesen Schmerz hindurchgehen, ihm den Raum für die Verzweiflung offenhalten, Trost anbieten, Ablehnung akzeptieren, geduldig bleiben, atmen, weitermachen – bis es geschafft ist. Das ist weder leicht noch schön, erst recht nicht, wenn man mittendrin steckt. **Aber deine Grenzen dürfen dir das wert sein.** Und auch die Grenzen anderer Menschen. So war ich in der Babyzeit meines dritten Kindes in einer Konfliktsituation mit dessen älterem Bruder, weil der mit dem Baby vor lauter Liebe und Leidenschaft so wild schmusen wollte, dass das Kleine sich damit offensichtlich nicht mehr wohlfühlte. Ich griff also ein, um die Grenze des Babys zu wahren: »Stopp! So wild darfst du deinen kleinen Bruder nicht umarmen, das mag er nicht!« Mein Sohn war wütend. Er fühlte sich zurückgewiesen und unverstanden. Ich bot ihm verschiedene Wege an, mit seinem Frust umzugehen und sich dem Baby auf sanftere Weise zu nähern, die er alle ablehnte. Daraufhin sagte ich: »Gut, dann halten wir jetzt zusammen aus, dass es enttäuschend ist, dass du mit deinem kleinen Bruder gerade nicht so umgehen darfst, wie es sich für dich gut anfühlt.« Und das haben wir dann gemacht. Mein Sohn weinte, boxte in ein Kissen, stampfte mit den Füßen und beschimpfte mich als blöde Mama. Und ich war einfach da und ließ all das geschehen, hielt das Baby und schaute meinen Sohn freundlich und zugewandt an. Und dann, nach einiger Zeit, kam er zu mir und sagte: »Darf ich ihn jetzt noch mal halten? Ganz, ganz vorsichtig?« »Natürlich darfst du das«, sagte ich. »Du bist ja sein Bruder.« Und dann hielt er ihn ganz sacht und ich zeigte ihm, woran er erkennen kann, dass sein kleiner Bruder sich bei ihm so richtig wohlfühlt. Auch das ist Grenzenwahren.

Andere Orte, andere Grenzen

In einer Familie Grenzen hochzuhalten ist etwas völlig anderes, als den Rahmen für ein gelingendes Miteinander in einer Kindergruppe abzustecken, wie dies etwa in Kitas und Kindergärten, aber auch in Schulklassen passiert. Viele Eltern sorgen sich, was passiert, wenn ihr Kind dort mit Regeln und Grenzen in Kontakt kommt, die es so von zu Hause nicht kennt und die wir vielleicht auch als unnötig starr empfinden. Tatsächlich kann der Hang zur Überregulation jeglichen kindlichen Verhaltens in manchen pädagogischen Einrichtungen ein echtes Problem darstellen. **Gleichzeitig sind Kinder oft sehr kompetent darin, zwischen unterschiedlichen Settings und den darin geltenden Regeln zu unterscheiden und sich jeweils so zu verhalten, wie es an einem spezifischen Ort sozial akzeptiert ist.** So staune ich immer nur, wenn ich höre, wie meine Kinder im

Meine
Grenze
braucht
kein
Einver-
ständnis.

Kindergarten unaufgefordert ihre Hände waschen oder ihren Teller abdecken – bei uns zu Hause klappt das längst nicht so gut. Aber Kindergarten ist eben Kindergarten, und daheim ist daheim. Dass sich Kinder in pädagogischen Einrichtungen oft besser an Regeln halten als in der Familie, liegt also nicht daran, dass die Menschen, die dort arbeiten, das Grenzensetzen einfach besser raushaben als wir – die Rahmenbedingungen sind schlicht völlig verschieden. So hilft es dem Regelverständnis insbesondere kleiner Kinder sehr, wenn in einer größeren Gruppe ein und dieselbe soziale Norm gilt. Räumen also alle Kita-Kinder in einer Gruppe selbstverständlich nach dem Spielen auf, folgen kleine Kinder diesem »Herdentrieb« und machen mit, während sie zu Hause lieber Ausflüchte suchen oder weglaufen – es räumt ja sonst gerade auch keiner auf.

Manchmal kommt es jedoch auch vor, dass pädagogische Fachkräfte Eltern kontaktieren und beklagen, ein Kind würde sich nicht an Regeln halten, es würde »Grenzen testen« und über die Stränge schlagen. **Dazu ist es wichtig, zu wissen, dass die Idee des »Grenzentestens« als Entwicklungsschritt zwar in der entwicklungspsychologischen Forschung längst als überholt gilt, leider jedoch immer noch häufig in der Ausbildung pädagogischer Fachkräfte gelehrt und vermittelt wird, sodass sich der Mythos hartnäckig hält und kindliches Verhalten oft auch als entsprechend »grenzensuchend« gelesen wird.** Wie können wir damit umgehen? Schließlich mögen es pädagogische Fachkräfte verständlicherweise gar nicht, wenn Eltern ihnen ihren Job erklären wollen.

Besser: Auf Verbindendes setzen. Denn ob »Grenzen testen« oder nicht: Ein Kind, das ständig Grenzen überschreitet, macht damit auf etwas aufmerksam. Es kommuniziert mit uns. Es braucht etwas. Gemeinsam können wir überlegen, was das ist: mehr Halt, mehr Klarheit, ein festerer Rahmen? Oder mehr Freiheit, mehr

Selbstwirksamkeit, mehr Raum, es selbst zu sein? Grundsätzlich gilt: Es ist in Ordnung, wenn pädagogische Fachkräfte Kinder anders führen als wir Eltern, es ist auch in Ordnung, wenn sie sie enger und in gewisser Weise strenger führen – aber es ist nicht okay, wenn sie zu gewaltvollen oder entwürdigenden Maßnahmen greifen, um Kinder »auf Linie« zu bringen. Zu diesen grenzverletzenden Maßnahmen gehört etwa das »Strafesitzen« in der Garderobe, aber auch der Zwang, aufzuessen oder verweigerte Lebensmittel zu probieren. Ein hilfreiches Buch zum Thema ist *Gewalt durch pädagogische Fachkräfte verhindern* von Jörg Maywald, erschienen im Herder Verlag.

Absprache oder Ansage?

Wenn ich am Ende meiner Vorträge Fragen aus dem Publikum beantworte, ist eine der häufigsten Klagen von Eltern, dass ihre Kinder sich einfach nicht an Absprachen hielten. »Wir besprechen, bevor wir den Fernseher anschalten, ganz klar, ›Aber nach zwei Folgen ist Schluss, okay?‹. Und das Kind sagt okay, stimmt also zu. Und dann gibt es trotzdem Geschrei, wenn Schluss ist!«

Auf den ersten Blick wirkt das tatsächlich wie eine Grenzverletzung: Zwei Parteien haben sich auf einen Deal geeinigt, und nun hält sich eine nicht daran. Geht gar nicht. Oder?

Schauen wir genauer hin, was für eine echte Absprache oder Vereinbarung, für einen »fairen Deal« notwendig ist: Freiwilligkeit und Verhandlungsspielraum. Kommt auf mich als Autorin ein Verlag zu und will mit mir ein Buch machen, nutze ich genau diese Freiräume: Ich schaue, ob ich mich mit den angebotenen Konditionen zur

Zusammenarbeit wohlfühle, benenne, was ich dafür brauche, und entscheide dann, ob ich das mir unterbreitete Angebot annehmen will oder nicht. So funktionieren Vereinbarungen auf Augenhöhe.

Es gibt natürlich auch Dinge, da habe ich kein Mitspracherecht. Wenn das Finanzamt etwa meine Steuern einziehen will, kann ich darüber weder verhandeln, noch ist dafür meine Zustimmung erforderlich. So funktionieren Ansagen oder Forderungen: Das Finanzamt bittet nicht freundlich um mein Geld, es verlangt danach, und es hat das Recht dazu.

Als Mutter bin ich meinen Kindern gegenüber manchmal in der Rolle des Verlags, der einen Deal machen will und dabei auf die Bereitschaft seines Gegenübers angewiesen ist. Und manchmal bin ich das Finanzamt.

Will ich mit meinen Teenagern etwa einen gemeinsamen Filmabend planen, ist das eine offene Einladung zum Austausch, die im Idealfall irgendwann in einer einvernehmlichen Absprache mündet: »Okay, am Samstagabend schauen wir zusammen den neuen Marvel-Film und machen Popcorn dazu.« Das ist eine Vereinbarung, und würde eines meiner Kinder dann plötzlich am Samstagabend sagen, dass es doch lieber mit Freunden ins Kino geht, würde ich das als Grenzverletzung empfinden: Freiwillig getroffene Absprachen einzuhalten hat für mich einen hohen Wert.

Sage ich meinem fünfjährigen Sohn hingegen, dass er nur zwei der von ihm heiß geliebten Folgen »Feuerwehrmann Sam« schauen darf, ist das keine Absprache, sondern eine Ansage. Er hat dabei kein Mitspracherecht und keine Wahlfreiheit. Er kann die zwei Folgen nehmen oder nichts. Mit einem Deal auf Augenhöhe hat das nichts zu tun. Und weil das für Eltern, die gern bindungsorientiert, demokratisch und auf Augenhöhe erziehen wollen, keine angenehme Vorstellung ist, ist die Versuchung groß, stattdessen

Lieber eine
ehrliche
Ansage
als eine
unechte
Vereinbarung.

einen Scheindeal zu schließen, bei dem man dem Kind (und sich selbst!) eine Freiwilligkeit und Wahlfreiheit suggeriert, die in Wahrheit nicht besteht. Man sagt also nicht »Du darfst zwei Folgen gucken«, sondern säuselt: »Aber nur zwei Folgen, Schatz? Okay? Und kein Drama beim Ausschalten, versprichst du mir das?« Und das Kind sagt zu allem Ja, weil es genau weiß: Keine Einwilligung, kein Fernsehen. Und dann beschweren wir uns, dass unsere Kinder sich nicht an »Absprachen« und »Vereinbarungen« halten?

Die Wahrheit ist: An tatsächlich miteinander frei von Druck getroffene, einvernehmliche Vereinbarungen halten sich Kinder meist sehr gut. **Doch sobald wir unseren Kindern ein Ja zu einem Deal abringen, dessen Konditionen wir allein festlegen, ist es nur natürlich, dass unsere Kinder mit uns durch ihr Verhalten sozusagen in Nachverhandlungen treten.** Kindern das Versprechen abzuringen, dass sie etwa beim Ausschalten des Fernsehers oder beim Insbettgehen kein Drama machen, wenn wir ihnen dies oder jenes erlauben, ist deshalb bei näherem Hinsehen ein ziemlich problematischer Move. Denn wir suggerieren unseren Kindern dabei eine Wahlfreiheit, die sie faktisch nicht haben, und sind dann noch sauer, wenn sie ihren Frust darüber zeigen.

In meinen Gesprächen mit Eltern plädiere ich deshalb immer dafür, mir darüber klar zu sein, in welcher Rolle ich gerade agiere: Bin ich ein Geschäftspartner oder das Finanzamt? Und wenn ich das Finanzamt bin, dann verstecke ich mich nicht hinter Scheinabsprachen, sondern mache eine klare Ansage: »Ich bin deine Mama, und ich will, dass du nach zwei Folgen ausmachst. Du darfst darüber natürlich auch traurig und wütend sein, und dann schaffen wir das gemeinsam.«

Praktische Übung

LERNE DIE GIRAFFENSPRACHE

Kommunikation ist Verständigung, und vieles davon geschieht unbewusst: Wie wir gucken, wie wir stehen, wie wir blinzeln, wie wir lachen – all das ist Kommunikation, ohne dass dafür auch nur ein Wort notwendig wäre. Und unsere Kinder sind wahre Expert*innen dafür, diese nicht sprachlichen Signale zu lesen und zu entschlüsseln. Achten wir deshalb auf unsere Körpersprache, wenn wir unseren Kindern Grenzen aufzeigen. Kleinen Kindern hilft es sehr, wenn wir dabei mit ihnen auf Augenhöhe gehen, uns also etwa hinknien, um nicht, im wahrsten Sinne des Wortes, von oben herab zu handeln. Auch ein klarer, offener Blick und eine tendenziell tiefe, ruhige Stimmlage signalisieren, dass es uns ernst ist mit dem, was wir sagen. Und auch was wir sagen, ist wichtig.

Ein hilfreicher Impuls zur klaren Formulierung von Grenzen ist die sogenannte Gewaltfreie Kommunikation, die der Kommunikationspsychologe Marshall Rosenberg entwickelt hat. Er geht davon aus, dass viele Missverständnisse zwischen Menschen daherrühren, dass wir in »Wolfssprache« miteinander kommunizieren: aggressiv, angreifend, vorwurfsvoll, rechthaberisch, oft auch in pauschalisierenden Vorwürfen: »Immer muss ich mit dir diskutieren, nie hältst du dich an Absprachen!« Dieser sprachlich gewaltvollen Kommunikation stellt Rosenberg seine »Giraffensprache« gegenüber, die auf Verbindung und Verständnis setzt. Grundprinzip sind dabei vier Schritte, um ein Anliegen vorzubringen:

1. Ich beschreibe wertfrei, was ich wahrnehme.
2. Ich beschreibe, wie ich mich damit fühle.
3. Ich benenne meine Bedürfnisse.
4. Ich formuliere eine klare, konkrete Bitte.

Beispiel: Aufräumen. Du kommst ins Wohnzimmer und alles liegt voller Spielzeug. Dein erster Impuls ist es vielleicht, loszupoltern: »Was soll denn dieses Chaos? Tragt euren Kram sofort ins Kinderzimmer!« Oder du setzt dich resigniert aufs Sofa, weil du das Gefühl hast, eh nicht zu deinem Kind durchzudringen. Mit den vier Schritten der Gewaltfreien Kommunikation könntest du nun zum Beispiel sagen:

»Ich sehe, dass du deine Spielsachen ins Wohnzimmer getragen und hier gespielt hast. Jetzt ist der ganze Teppich voller Autos, Ritter und Gummitiere. Damit geht es mir nicht gut. Ich fühle mich gestresst und kann nicht entspannen. Dafür brauche ich eine ordentliche Umgebung. Deshalb will ich, dass du deine Autos in die Parkgarage stellst, die Ritter zurück in ihre Burg und die Gummitiere in die Badewanne. Ich helfe dir gerne dabei.«

Je nach Alter und Temperament des Kindes kann Gewaltfreie Kommunikation im Familienalltag immense Erleichterung bringen - oder aber auch gar keine. Das heißt nicht, dass du etwas falsch machst: Es gibt einfach auch Kinder, denen solche Erklärungen viel zu lang sind; sie wollen lieber gleich ganz kurz und knapp wissen, was sie tun sollen. Und: Gewaltfreie Kommunikation ist eine Methode, die auf einer wertschätzenden Haltung basiert. Fehlt diese Haltung, kann sie auch schlimm manipulativ und verletzend wirken. Mach dir deshalb klar, dass ein noch so formal gewaltfrei vorgetragenes Anliegen nicht gewaltfrei ist, wenn wir dabei nicht die Bedürfnisse und Grenzen unseres Gegenübers mit im Blick behalten.

8. KAPITEL

Starke Grenzen für starke Kinder

Eine starke Grenze ist eine Grenze, die hält. Unseren Kindern vermögen solche Grenzen viel Sicherheit zu geben. Wenn sie wissen, wie bei uns zu Hause die Regeln sind, nimmt das viel Druck aus ihrem Leben und schenkt ihnen ein Gefühl der Geborgenheit. Gleichzeitig müssen Grenzen sich wandeln dürfen: War es mit kleinen Kindern vielleicht eine sinnvolle Familienregel, dass sie nicht allein an Herd oder Spülmaschine gehen dürfen, ist es bei Grundschulkindern angemessen, sie freier in der Küche mithantieren zu lassen. Und während im Grundschulalter eine feste Schlafenszeit um 8 Uhr angemessen ist, können wir einem Teenager irgendwann nicht mehr vorschreiben, wann er schlafen gehen soll – allenfalls, wann das Internet ausgeht. Grenzen werden durch solche Anpassungen und Veränderungen nicht geschwächt, im Gegenteil: Familiensysteme müssen sich wandeln können, damit alle darin Raum zum Atmen haben. Eine echte Herausforderung für uns Eltern, aber eine notwendige.

Woran erkennt man also eine starke Grenze, wenn nicht an ihrer Unveränderlichkeit? Daran, dass sie so fest etabliert ist, dass sich alle daran halten – ohne Angst vor Konsequenzen. Heißt im Klartext: Eine starke Grenze ist eine Grenze, die wir verinnerlicht haben als wichtig, richtig und gut. Eine schwache Grenze ist hingegen eine, die wir permanent mit Drohungen untermauern müssen: »Wenn du jetzt nicht aufräumst, gibt's heute Abend kein Fernsehen!« Kinder haben für solche schwachen Grenzen ganz feine Antennen. Sie spüren genau, dass es letztlich unsere eigene Hilflosigkeit ist, die uns zu solchen müden Erpressungsversuchen treibt. Oder, wie es eins meiner Kinder einmal so treffend sagte: »Mama, wenn du ›Wenn du nicht, dann‹ und ›Sonst passiert hier aber was‹ sagst, weißt du selbst auch nicht, was dann passiert, oder?« In der Schule ist das übrigens genau dasselbe. So kam eines meiner Kinder einmal am ersten Schultag nach den Sommerferien nach Hause und erzählte, die neue Lehrkraft habe erst mal die Klassenregeln vorgestellt und alle hätten sie für vernünftig befunden und Lust gehabt, sich daran zu halten. Und dann sagte die Lehrerin: »Und wenn das nicht klappt, kriegt ihr einen Strich, und wenn ihr drei Striche habt, müsst ihr zum Direktor, und wenn ihr zweimal beim Direktor wart, müsst ihr nachsitzen, und dann rufen wir eure Eltern an, und dann kriegt ihr aber so richtig Ärger!« »Und da wussten wir, dass sie uns nicht vertraut«, sagte mein Kind. »Und dann hatten wir auch keine Lust mehr, uns an ihre komischen Regeln zu halten.«

Halten wir also fest: **Eine gute Grenze ist klar, sie ist fair und sie ist entwicklungsgerecht.**

Klar heißt: Sie ist eindeutig und konkret.
Fair heißt: Sie berücksichtigt die Bedürfnisse dessen, der die Grenze erfährt.
Entwicklungsgerecht heißt: Sie erwartet von einem Kind nicht mehr, als es in seinem Alter und mit seinem Reifegrad auch leisten kann.

Eine
gute Grenze
ist klar,
fair und
entwicklungs-
gerecht.

Kinder erkennen daran, wie wir Regeln und Grenzen mit ihnen kommunizieren, wie ernst es uns damit ist. Vertrauen wir auf unsere natürliche Autorität, brauchen wir keinen Sanktionskatalog. Unser Wort gilt, weil unser Wort gilt. Weil wir eine Beziehung zueinander haben und einander vertrauen. Wir sind Leuchttürme, die den Weg zeigen. Wer würde einem Leuchtturm nicht folgen, nur weil er keine Strafen verhängen kann?

Fangen wir an, zu drohen und zu erpressen, offenbaren wir uns hingegen in einer Position der Führungslosigkeit und Schwäche. Wir rechnen überhaupt nicht damit, dass unsere Grenze ernst genommen wird, und verlesen deshalb vorsorglich schon mal den Maßnahmenkatalog, mit dem wir uns zur Wehr zu setzen gedenken, wenn unsere Grenzen erwartungsgemäß übertrampelt werden. Und unsere Kinder? Spüren das und handeln entsprechend. Übertreten unsere Grenzen und gucken, was dann kommt: Eine Konsequenz? Und dann? Was passiert als Nächstes? Das Problem mit solchen Sanktionen: Sie bringen unseren Kindern nicht bei, dass es wichtig ist, sich an Regeln zu halten. Sondern, dass es wichtig ist, sich nicht erwischen zu lassen, wenn sie es nicht tun.

Weshalb wir uns im Umgang mit Grenzverletzungen im Familienleben entscheiden müssen zwischen einem kurzfristig wirksamen, aber langfristig wenig nachhaltigen Weg und einem Weg, der sehr viel mehr Zeit und Kraft und Geduld erfordert, sich aber nachhaltig auszahlt. Wie häufig in unserer Gesellschaft der erste, der kurzfristige Weg gewählt wird, merkt man an allen Ecken und Enden. Frage ich etwa einen beliebigen Erwachsenen aus meinem Umfeld, warum er ein Parkticket löst, lautet die Antwort: »Damit ich kein Knöllchen bekomme.« Und warum fährst du in der Straßenbahn nicht schwarz? »Weil ich 40 Euro Strafe zahlen muss, wenn ich erwischt werde.« Und wieso bremst du vorm Blitzer an der

Landstraße? »Damit ich keine Punkte in Flensburg bekomme.« Und warum beschleunigst du direkt danach wieder über die zugelassene Höchstgeschwindigkeit? »Weil hinter einem Blitzer ja nicht direkt der nächste Blitzer steht.« **So verhalten sich Menschen, die den Umgang mit Regeln vor allem durch Abschreckung und Angst vor Strafen gelernt haben.** Sie machen, was sie sollen, weil sie keine Lust auf die angedrohten Konsequenzen haben. Und nicht, weil sie den Sinn der Regel verstehen und mittragen. Deshalb nutzen Millionen Deutsche auch »ganz legale Steuertricks« und finden es völlig normal, Kinder an der Kinokasse zwei Jahre jünger zu schummeln, damit sie weniger Eintritt kosten – »Kann ja keiner kontrollieren«.

Menschen, die einen wertebasierten Umgang mit Grenzen haben, ticken anders. **Sie sind davon angetrieben, ethisch und moralisch vertretbar zu handeln, und respektieren Grenzen, weil sie sie verinnerlicht haben und für richtig halten.** Sie lösen ein Parkticket, weil sie es angemessen finden, anteilig dafür zu bezahlen, dass eine Gemeinde öffentliche Parkplätze bereitstellt, und kaufen Straßenbahnkarten, weil eine Straßenbahn zu betreiben nun mal Geld kostet. Sie halten sich an Tempolimits, weil es sinnvoll und richtig ist, dass im Straßenverkehr solche Geschwindigkeitsbegrenzungen gelten, und bezahlen für das gerade sechs gewordene Kind den vollen Preis, weil das nun mal die Regel ist, nach der sich dieses Kino finanziert. Und sie würden all das genauso tun, wenn es keine Kontrollen und Strafen und Tickets und Knöllchen und Steuerfahnder und Punkte in Flensburg gäbe. **Einfach, weil sie es richtig finden.**

Einen ganzen Staat in diesem Vertrauen zu lenken ist aus meiner Sicht eine Utopie. Es wird immer Menschen geben, die sich nicht an sinnvolle Vorschriften halten, solange für den Verstoß dagegen keine Sanktionen drohen. **Doch eine Familie ist kein Staat.** Hier können Kinder in sicherem Rahmen lernen, dass es keine Druckmittel braucht, um Regeln zu etablieren, die sinnvoll und fair sind und die dem Wohlergehen aller dienen. Sondern nur Vertrauen in die Fähigkeit eines jeden Menschen, das Richtige zu tun. **Meine Grenze ist dein Halt. Ein sicherer Rahmen, in dem du lernen kannst, moralisch zu handeln. Nicht aus Angst. Sondern, weil es richtig ist.**

9. KAPITEL

Die Sache mit der Selbstfürsorge

Wie leicht oder schwer uns das Grenzenwahren fällt, ist auch ein bisschen Typsache. Regulationsstarke Menschen haben damit oft weniger Schwierigkeiten als gefühlsstarke Personen, Männern fällt es oft leichter als Frauen. Ich kenne beispielsweise einen Vater, der ist für mich der geborene Grenzenwahrer. Mit einer unglaublichen Selbstverständlichkeit führt er seine zwei Söhne durch ihren Alltag, ohne je laut oder unfreundlich zu werden, und strahlt dabei eine solche freundliche Autorität aus, dass selbst fremde Kinder sich gerne von ihm sagen lassen, was hier erlaubt und was verboten ist. Ich habe ihn mal gefragt, woher er das so gut kann, und er sagte zu mir: »Nun ja, im Grunde genommen bin ich ja schon mein ganzes Leben Führungskraft.« Tatsächlich hatte dieser Vater bereits als Schüler in der Schülervertretung seines Gymnasiums viel Verantwortung übernommen, dann im Studium als Tutor die Studierenden jüngerer Semester unter seine Fittiche genommen, um schließlich in einem Unternehmen einzusteigen, in dem er von Anfang an fünf Mitarbeitende unter sich hatte. Mittlerweile sind es fünfzig. Chef zu sein, und zwar ein guter Chef, ist also etwas, in dem er viel Übung hat. **Er weiß, wie man zuhört und wie man klare Ansagen macht, wie man Konflikte anspricht und löst, und wie man Macht innehaben kann, ohne sie zu missbrauchen.** Hilft das im Alltag mit einem bedürfnisstarken Baby? Nicht besonders. Aber im Zusammenleben mit etwas älteren Kindern ist genau diese Klarheit und Führungsstärke ein echtes Geschenk. Auch wenn eine Familie natürlich anders funktioniert als eine Firma und längst nicht jeder gute Boss ein guter Vater ist.

Was wir im Gespräch aber auch ergründeten, war: **Dieser Vater kann gut Grenzen wahren, weil es ihm selbst gut geht.** Er hat das Leben, das er sich wünscht, arbeitet viel, aber gern und erfährt sehr viel Wertschätzung und Respekt dabei. Verbringt er Zeit mit seinen Kindern, sind seine »Bedürfnistanks« also gut gefüllt: Er hat, was er braucht. Und zieht daraus die innere Stärke, auch Wut und Frust aushalten und begleiten zu können. Bei vielen Eltern – und insbesondere bei vielen Müttern – ist das anders. Sie haben ihre Bedürfnisse schon seit Langem zurückgestellt, ihre »Bedürfnistanks« sind nahezu leer. Sie sehnen sich nach mehr Schlaf, mehr Ruhe, mehr Wertschätzung – und bekommen von ihren Kindern stattdessen unterbrochene Nächte, lautes Geschrei und ständigen Widerstand, der sich wie Respektlosigkeit anfühlt. Aus so einem Erleben heraus rutschen Eltern sehr schnell in eine Opferrolle, aus der heraus sie ihre Kinder regelrecht anflehen, doch bitte einmal zu tun, was sie ihnen sagen. Und so menschlich nachvollziehbar das ist: Das ist natürlich das Gegenteil von Führungsstärke.

Um gut Grenzen vertreten zu können, muss es uns also selbst gut gehen. Dafür brauchen wir zumindest einigermaßen gefüllte Bedürfnistanks. Und das kann wirklich schwierig zu bewerkstelligen sein. Was auf jeden Fall hilft: Entlastung anzunehmen, wann immer sich die Möglichkeit dazu bietet, und zwar nicht erst, wenn schon alles zu spät ist. Es ist kein Anzeichen von Faulheit oder Schwäche, sich im Leben mit Kindern von bezahlten oder unbezahlten Helfenden unter die Arme greifen zu lassen. Es ist oft der einzige Weg, einigermaßen gesund durch die besonders anstrengenden Kleinkindjahre zu kommen.

Ein zweiter wichtiger Punkt ist: Selbstfürsorge. Ein schwieriger Begriff, ich weiß, weil er oft falsch verwendet wird – so, als müssten sich erschöpfte Eltern einfach nur noch mehr anstrengen und ihr Leben noch ein bisschen mehr durchoptimieren, um glücklicher zu sein. Doch Selbstfürsorge bedeutet eigentlich das genaue Gegenteil davon. Nämlich: uns selbst die gleiche Fürsorge und Nachsicht entgegenzubringen wie unseren Kindern. Uns selbst wichtig zu nehmen in unseren Bedürfnissen. Darauf zu achten, dass nicht nur unsere Kinder ausreichend Schlaf, Nahrung, Bewegung, Spaß und Spiel bekommen – sondern auch wir selbst. Es gibt kein Patentrezept dafür, wie das gelingen kann. Doch es beginnt mit der Haltung, dass in unserer Familie alle Menschen gleich wichtig sind. Dass alle Bedürfnisse zählen. Und dass es nicht egoistisch oder unnötig ist, im stressigen Familienalltag auf unser eigenes Wohlergehen zu achten. Sondern unbedingt notwendig.

Je nach Lebenssituation lässt sich das unterschiedlich gut realisieren: Wer gesund ist, hat oft mehr Ressourcen für Selbstfürsorge, als wer mit einer chronischen Krankheit oder Behinderung lebt. Wer eine*n unterstützende*n Partner*in hat, kann sich einfacher Auszeiten nehmen, als wer faktisch allein den Familienalltag stemmt. Wer Geld hat, kann sehr viel leichter bezahlte Hilfe in Anspruch nehmen als die alleinerziehende Mutter, bei der das Geld nur knapp bis zum Monatsende reicht. Ein ganz simples Selbstfürsorge-Tool, das fast alle Eltern anwenden können, ist jedoch der liebevolle Blick auf sich selbst – gerade in Stresssituationen. Also in Momenten, in denen der Alltag mit Kind unsere persönliche Grenze überschreitet, hinzuschauen mit Verständnis und Nachsicht und Freundlichkeit und zu fragen: Was genau setzt mir gerade so zu? Und was kann ich mir gerade Gutes tun?

Praktische Übung

WO SITZT MEIN SCHMERZ?

Keine Frage: Kinder ins Leben zu begleiten ist anstrengend. Doch oft sind es nicht die Belastungen an der Oberfläche, die uns ausbrennen lassen. Also nicht das frühe Aufstehen, das Snackboxen richten, das Wutanfälle begleiten. Sondern unsere eigenen wunden Punkte und unerfüllten Bedürfnisse, die dabei ständig angerührt werden. Sie sind es, die uns immer wieder ausrasten lassen, obwohl wir uns doch vorgenommen hatten, freundlich und geduldig zu sein. Dagegen hilft eine Liste mit Fragen, die wir uns in akuten Momenten der Überforderung und Wut vergegenwärtigen können und die uns hilft, herauszufinden: Um welchen Schmerz geht es hier eigentlich wirklich? Schau mal: In welchen Gefühlen findest du dich wieder?

- Ich fühle mich hilflos.
- Ich fühle mich ungesehen.
- Ich fühle mich abgewertet.
- Ich fühle mich klein gemacht.
- Ich fühle mich beschuldigt.
- Ich fühle mich einsam.
- Ich fühle mich ausgenutzt.

- Ich fühle mich ausgeschlossen.
- Ich fühle mich gemobbt.
- Ich fühle mich in eine Ecke gestellt, in die ich nicht gehöre.
- Ich fühle mich unverstanden.
- Ich fühle mich manipuliert.
- Ich fühle mich kontrolliert.
- Ich fühle mich machtlos.
- Ich fühle mich wie abgeschnitten.
- Ich fühle mich, als sei ich allen egal.
- Ich fühle mich, als würde sich nie irgendjemand mal um mich kümmern.
- Ich fühle mich, als hätte ich versagt.

All diese Gefühle werden oft in der Eltern-Kind-Beziehung geweckt, kommen aber nie aus ihr, sondern aus anderen Beziehungen, in denen unsere zutiefst menschlichen Bedürfnisse unerfüllt blieben oder noch bleiben.

Es ist nicht die Aufgabe unserer Kinder, sie uns zu erfüllen. Sie können uns allenfalls darauf stoßen, was uns fehlt - und wonach wir in unserem Leben suchen sollten. Das ist oft schwer, und manchmal sogar unmöglich, wenn man gerade in der stressigsten Phase des eigenen Lebens steckt. Doch für die Bedürfnisse, die hinter diesen Gefühlen stecken, sind wir dennoch selbst verantwortlich - und sei es, indem wir uns selbst eingestehen, was uns gerade - oder schon lange - fehlt, und uns selbst versprechen, uns darum zu kümmern, sobald wir wieder Kraft dafür haben.

10. KAPITEL

Grenzen wahren geht nicht immer

Es ist wichtig und richtig, dass wir über Grenzen im Familienleben sprechen und darüber, wie wichtig sie sind. Es gibt dabei jedoch eine Gefahr: dass Eltern, die sich im Alltag mit ihren Kindern oft überreizt, erschöpft, übergangen oder nicht gesehen fühlen, Schuldgefühle bekommen – sie hätten ja einfach mal besser auf ihre Grenzen achten können! Tatsächlich begegnet mir dieses Narrativ gerade in den Sozialen Medien immer wieder: Jeder ist seines Glückes Schmied, und wer im eigenen Familienleben zu kurz kommt, der hat eben etwas falsch gemacht. Das ist auf so vielen Ebenen falsch, dass es mir sehr wichtig ist, an dieser Stelle ganz klar zu sagen: Es ist völlig normal, dass es immer wieder Situationen gibt, in denen wir unsere Grenzen nicht halten können oder bewusst überschreiten. Gerade im Leben mit kleinen Kindern. Denn für einen Menschen Sorge zu tragen, der noch nicht für sich selbst sorgen kann, ist eine krasse Erfahrung, die die Grenzen alles bisher Dagewesenen überschreitet. Egal, was ist – wir können die Verantwortung für dieses Kind nicht einfach mal eben auf Eis legen, um uns in Ruhe um unsere Bedürfnisse zu kümmern. Im

Zweifelsfall müssen wir uns kümmern, auch wenn wir eigentlich nicht mehr können.

Das gilt in besonderem Maße im Leben mit Kindern unter sechs Jahren, je bedürfnisstärker die Kinder sind, desto mehr. **Denn kleine Kinder sind oft so fordernd und hartnäckig im Anmelden ihrer Wünsche und Bedürfnisse, dass es unglaublich viel Kraft kostet, ihnen etwas entgegenzustellen.** Kraft, die viele Eltern nicht haben. Insbesondere, wenn sie jeden Tag allein für viele Stunden für dieses Kind – oder gar mehrere Kinder – verantwortlich sind. So wichtig es mir deshalb ist, Eltern zuzurufen, dass sie, auch wenn ihre Kinder noch klein sind, ihre persönlichen Grenzen wahren dürfen, möchte ich an dieser Stelle auch festhalten, dass sie dazu nicht verpflichtet sind. **Die eigenen Grenzen ganz weit auszudehnen, weil das gerade weniger Kraft kostet als dagegenzuhalten, ist insbesondere in den Kleinkindjahren eine ebenso verständliche und valide Entscheidung, wie von Anfang an auf klare Grenzziehungen zu achten.**

So erlebe ich es immer wieder, dass Eltern ziemlich auf dem Zahnfleisch gehen, weil ihre kleinen Kinder nachts nicht durchschlafen. Das ist zunächst nichts Ungewöhnliches: Viele Kleinkinder wachen nachts noch ein paarmal auf und verlangen nach Milch, das ist völlig normal. Aber eben auch anstrengend. Also fragen mich die Eltern: Was können wir dagegen tun? Die Antwort ist ziemlich simpel: Nächtliche Milchmahlzeiten im Kleinkindalter sind zwar weit verbreitet, aber – anders als etwa im Babyalter – physiologisch nicht mehr unbedingt notwendig. Das heißt: Kleinkinder könnten – anders als Babys – nachts schon auch ohne Milch klarkommen. Nur: Warum sollten sie freiwillig darauf verzichten, wenn ihnen die Milch doch noch guttut? Eltern haben also ganz grob zwei Möglichkeiten: Sie können ihrem Kind die nächtlichen

Milchmahlzeiten ganz gezielt und bewusst abgewöhnen. Oder sie können alles lassen, wie es ist, und darauf warten, dass ihr Kind irgendwann von selbst durchschläft. Der erste Weg kostet erst einmal mehr Kraft. Eltern müssen dafür einen Plan fassen und sich innerlich dafür rüsten, mehrere Nächte in Folge ein trauriges, wütendes, forderndes, verwirrtes oder verzweifeltes Kind zu begleiten. Sie müssen sicherstellen, dass es tagsüber seinen Kalorienbedarf deckt, und sich darauf einstellen, dass es, wenn es nachts keine Milch mehr trinkt, morgens wahrscheinlich früher wach wird und Hunger hat. Sie müssen die innere Klarheit haben, die Umstellung zu wollen und zu begleiten, auch wenn es schwer ist, und dabei zugewandt und empathisch bleiben. Die Belohnung für diese Kraftanstrengung ist oft, dass kleine Kinder nach einigen wirklich schwierigen Nächten tatsächlich durchschlafen, weil sie verinnerlicht haben, dass es die feine Milch erst am nächsten Morgen gibt. Es gibt Eltern, die sagen: Das ist es wert. Das schaffen wir! Und das ist total legitim. **Grenzen wahren, Zumutungen gerecht verteilen: ureigenste Elternaufgabe.** Guter, valider Weg.

Und es gibt genauso Eltern, die würden zwar gern durchschlafen, aber nicht zu diesem Preis. Da investieren sie lieber noch länger jede Nacht etwas mehr Kraft, als sie eigentlich haben, um sich und ihrem kleinen Kind diesen Stress der Umgewöhnung zu ersparen. Und setzen darauf, dass das Kleine irgendwann schon von selbst weniger trinken wollen wird in der Nacht. Und das passiert ja auch. Es wäre fatal, dieses Vorgehen als in irgendeiner Weise schwächer oder schlechter anzusehen, weil die Eltern dabei augenscheinlich weniger klar ihre Grenzen wahren. Das Gegenteil ist der Fall. Auch diese Familien haben die Grenzen ihres Kindes und ihre eigenen im Blick – und treffen auf dieser Grundlage die Entscheidung, mit dem Beibehalten der jetzigen Situation zwar nicht gut, aber doch besser zu fahren als mit der Alternative. Und auch das ist ein guter und völlig valider Weg.

Gerade in den ersten Jahren mit einem Kind oder mehreren steht deshalb über jeder Entscheidung, auch beim Thema Grenzen, das Motto: Was immer euch gerade hilft, ist gut. **Ob ihr mehr Grenzen braucht oder weniger, ob ihr eure persönlichen Grenzen temporär ausweitet oder unbedingt enger fassen wollt – was immer euch dabei hilft, euren Kindern die Eltern zu sein, die ihr sein wollt, und was euch dabei unterstützt, auch gut für euch selbst zu sorgen, ist gut.** Und richtig. Und kein Grund, sich vor irgendwem zu rechtfertigen.

Einfach ist das nicht. Auch ich selbst ertappe mich immer wieder dabei, mich zu schämen, wenn ich das Gefühl habe, dass etwa Menschen aus meinem persönlichen Umfeld mich für zu lax oder aber auch für zu streng halten. Was öfter passiert, auch, weil Menschen außerhalb der Kernfamilie ja immer nur Ausschnitte aus unserem Familienleben zu sehen bekommen. Dass ich meinen Sohn zum Sport schicke, auch wenn er offensichtlich keine Lust hat, mag auf den ersten Blick übermäßig streng wirken – doch ich weiß, wie gut ihm die Bewegung nachher tut. Und dass ich meinen schon jugendlichen Schulkindern morgens noch die Pausenbrote schmiere, mag mancher für falsch und verwöhnend halten – ich bin überzeugt, ihnen damit ein bisschen Mamaliebe zum Mitnehmen mitzugeben. Niemand außer uns und unseren Kindern vermag zu beurteilen, welche Grenzen für uns am besten funktionieren – und es ist unser gutes Recht, gemeinsam immer wieder aufs Neue auszuprobieren, mit welchen Grenzziehungen wir gerade am ehesten klarkommen.

Grenzen sind ein Privileg

In besonderem Maße gilt das im Zusammenleben mit schwerkranken und pflegebedürftigen Kindern. Ich denke dabei etwa an meine Freundin Judith, deren drittes Kind mit einer extrem seltenen, lebensverkürzenden Erkrankung zur Welt kam. Dass die kleine Fritzi trotzdem zu Hause mit ihren Eltern und Geschwistern leben und jede Menge Glücksmomente erfahren kann, hat die Familie einerseits modernster Medizintechnik zu verdanken, und andererseits insbesondere Judiths unglaublicher Kraftanstrengung, dem so fragilen und trotzdem so lebenswerten und reichen Leben ihres jüngsten Kindes allen Widrigkeiten zum Trotz immer noch einen weiteren Tag abzuringen, unter Aufbietung all ihrer Kräfte. »Ich bin die Lebensversicherung meines Kindes«, schreibt Judith auf ihrem Instagram-Kanal @briefe.an.fritzi. »Es ist mir schlichtweg nicht vergönnt, auszufallen, denn hinter mir in der Reihe steht niemand, der entschuldigt, wenn ich nicht mehr kann.« Judith fasst damit in Worte, was viele pflegende Eltern erleben: dass sich der Diskurs ums Grenzenwahren nach einer absoluten Luxusdiskussion anfühlen kann, wenn jedes Nicht-mehr-Können zu einer echten Lebensgefahr für das eigene Kind werden kann. Also macht man weiter und weiter und weiter und weiter und stellt dabei ungläubig fest, wie weit sich menschliche Grenzen dehnen lassen, wenn sie es müssen. Was zeigt: Wir Menschen sind oft viel belastbarer, als wir meinen. Wir können Unglaubliches schaffen, wenn wir keine andere Wahl haben. Und nichts lässt uns unsere Grenzen weiter und weiter ausdehnen als die Liebe zu unserem Kind. Darin liegt eine immense Stärke. Und gleichzeitig natürlich auch eine Gefahr. Denn permanent die eigenen Grenzen zu überschreiten, geht nicht spurlos an uns vorbei. Unsere Immunabwehr sinkt, wir werden häufiger krank, werden Infekte lange nicht ganz los. Viele kriegen Rückenschmerzen und Kopfweh, fühlen sich kraftlos und dauererschöpft, entwickeln Schlafstörungen und depressive Episoden. **Es gibt Eltern, die für ihre Kinder buchstäblich ihr Leben geben.** Wir müssen das nicht glorifizieren. Aber anerkennen, dass es Lebenssituationen gibt, in denen das Wahren der eigenen Grenzen keine Option ist. »Ich leiste Unmenschliches und bezahle dafür einen irdischen Preis«, beschreibt Judith das auf Instagram. Und genau so ist es. Unsere Grenzen sind eben kein Lattenzaun, der irgendwann einfach auseinanderbricht. Sie sind eher wie ein Gummiband, das sich nahezu endlos dehnen lässt, wenn man nur fest genug daran zieht. Das fühlt sich nicht gut an und ist auf Dauer auch nicht gesund. Und trotzdem kann es der beste Weg sein, den eine Familie in ihrer Situation gehen kann: die eigenen Grenzen bis zur Unendlichkeit auszuweiten, weil es nur so weitergeht.

11. KAPITEL

Menschen sind verschieden – Grenzen auch

»Manchmal habe ich das Gefühl, meine Tochter will mich bei meiner Mutter blamieren«, klagte mir einst eine Mutter ihr Leid. »Da erkläre ich vor der ersten Oma-Übernachtung lang und breit, wie kompliziert es ist, Luana ins Bett zu bringen, und wie oft sie dabei noch mal aus dem Bett krabbelt, und was passiert? Am nächsten Morgen erzählt mir meine Mutter triumphierend, dass Luana bei ihr problemlos und blitzschnell eingeschlafen sei, ohne auch nur noch einmal aus dem Bett zu kommen.« Solche oder ähnliche Frustmomente kennen ganz viele Eltern: Im Kindergarten hört das Kind besser als zu Hause, bei Freunden zu Besuch ist es höflicher als daheim, und die Großeltern bezweifeln stark, dass unser Familienleben wirklich so anstrengend ist, wie wir immer erzählen – bei ihnen machen die Kinder schließlich tadellos mit. Ja, es gibt sogar Familien, da kooperiert das Kind prima mit einem Elternteil und ist viel schwieriger und widerspenstiger im Umgang mit dem anderen. Wie kann das denn sein? Menschen, bei denen Kinder sich pflegeleichter betragen, rühmen sich oft damit, eben besonders klar zu sein: »Bei mir wissen die Kinder eben, woran sie sind.« Doch das ist höchstens die halbe Wahrheit. **Viel entscheidender ist, dass die rebellische, widerspenstige und willensstarke Seite unserer Kinder vor allem bei ihren so genannten primären Bindungspersonen zutage tritt, während sie sich im Miteinander mit ihren sekundären Bindungspersonen aufgeräumter, angepasster und kooperativer zeigen.**

Doch was heißt das überhaupt: primäre und sekundäre Bindungsperson? Nun, jedes Kind baut im Laufe seines Lebens Bindungen zu den Erwachsenen auf, die es umgeben und versorgen. Diese Bindung ist jeweils individuell und von den Interaktionen zwischen Kind und erwachsener Bezugsperson geprägt, wobei die präsentesten und emotional wichtigsten Menschen im Leben eines Kindes zu seinen primären Bindungspersonen werden, und die anderen zu sekundären Bindungspersonen. Bei vielen Kindern läuft das etwa so, dass sie sich als Neugeborene an ihre Eltern binden, die sie füttern, trösten, wiegen, kuscheln und versorgen und so zu ihren primären Bindungspersonen werden.

Alle Menschen, die dann im Laufe der Zeit zu weiteren Bindungspersonen werden, wie Großeltern, Onkel, Tanten, Tageseltern oder pädagogische Fachkräfte in Kitas, werden sekundäre Bezugspersonen. Wichtig: Darin liegt keine Wertung, nur eine Beschreibung – sekundäre Bindungspersonen zu haben ist für ein Kind sehr wertvoll. Sie sind nur eben nicht die wichtigsten Menschen auf der ganzen Welt für dieses Kind. Jede Bindung ist einzigartig und von einer ganz eigenen Qualität. So kann ein Kind etwa eine sichere Bindung zur Mutter und eine unsichere Bindung zum Vater haben, oder eine sichere Bindung zur einen und eine ambivalente Bindung zur anderen Oma.

Bindungsqualität kann sich auch mit den Erfahrungen verändern, die ein Kind mit einem erwachsenen Menschen macht: Eine sichere Bindungsperson kann zur unsicheren werden und umgekehrt. Und: Kinder sind im Beisein ihrer Bindungspersonen verschieden, und zwar abhängig von Bindungsmuster und Bindungssicherheit. Typischerweise zeigen sie dabei bei allen sekundären Bindungspersonen mehr Impulskontrolle als bei ihren primären Bindungspersonen. Das heißt: Dort verhalten sie sich weitgehend angepasst, während sie ihre Wut, ihren Widerstand, ihren Ärger und ihre Aggression dort zeigen, wo sie sich emotional am sichersten fühlen – bei den Menschen, die ihnen am allernächsten stehen. Besonders tricky dabei ist, dass manche Kinder aufgrund ihres sehr gefühlsstarken Temperaments in ihrem Bindungssystem nur Platz für eine primäre Bindungsperson haben. Was konkret bedeutet, dass auch bei einem Elternpaar dann nur einer der beiden Elternteile zur primären Bindungsperson werden kann – und zwar meist die Person, die mehr Zeit mit dem Kind verbringt und besonders erfahren und feinfühlig auf seine Signale reagiert. Im Familienleben kann sich das dann so abbilden, dass nur ein Elternteil das Kind trösten, beruhigen und ins Bett bringen »darf« – sonst ist der Protest groß. »Tja, dann müsst ihr halt einfach mal Grenzen setzen«, bekommen diese Eltern oft zu hören. Als ob das so einfach wäre! Natürlich kann man mit viel Geduld und Ausdauer auch ein sehr auf einen Elternteil bezogenes Kind langsam daran gewöhnen, sich vom anderen Teil ins Bett bringen zu lassen. Aber einfach ist daran gar nichts. Stattdessen brauchen Eltern dabei viel Geduld und Nachsicht – auch mit sich selbst. Es ist unglaublich schwer, damit umzugehen, wenn ein Kind so auf einen Menschen fixiert ist – und zwar sowohl für die Person, die favorisiert wird, als auch für die, die sich zurückgewiesen fühlt. Entscheidend ist, daraus keine Schuldzuweisungen abzuleiten. Die primäre Bindungsperson hat nicht verhindert, dass der andere Elternteil eine Bindung zum Kind aufbaut. Und sie macht auch nichts falsch, nur weil das Kind sich in ihrem Beisein anders verhält als bei allen anderen Menschen. Umgekehrt gibt sich der zurückgewiesene Elternteil auch nicht einfach nicht genug Mühe, sondern die Situation ist komplex – gerade, was das Thema Grenzen angeht.

So sprach ich einmal mit einem Paar, bei dem der Vater die Mutter kennengelernt hatte, als diese bereits zwei Jahre mit ihrer Tochter alleinerziehend gewesen war. Das dreijährige Kind hatte also von Anfang an eine ganz starke Bindung zu seiner Mutter aufgebaut, und nun kam deren Freund als Bonuspapa neu ins Familiensystem dazu. Zum Glück mochte es ihn sehr und baute auch zu ihm schnell eine Bindung auf, aber eines frustrierte das Elternpaar: Während das Mädchen ohne Probleme die persönlichen Grenzen des Bonuspapas respektieren konnte, wurden die der Mutter ständig übertreten. »Wenn ich ihr sagte, ich gehe jetzt mal alleine zum Sport, winkt sie mir an der Tür«, erzählte der Bonuspapa. »Aber wenn meine Freundin mal zum Sport gehen will, schreit und brüllt unsere Tochter das Haus zusammen und hängt sich ihr an die Beine, damit sie nicht losgehen kann.« »Neulich habe ich mich sogar mal einen Moment alleine im Schlafzimmer eingeschlossen, um einfach mal für mich zu sein«, bekannte die Mutter. »Während mein Freund einfach nur sagen muss: Süße, ich brauch jetzt mal eine halbe Stunde für mich!« Was ist da los? Ganz einfach: Der Bonuspapa ist für dieses Mädchen eine wichtige, aber sekundäre Bindungsperson – geliebt, aber nicht absolut unverzichtbar lebensnotwendig. Seine Mutter ist für dieses Kind hingegen die ganze Welt, sein Ein und Alles, der Dreh- und Angelpunkt seines Seins. In einer (potenziellen) Trennungssituation wird deshalb sein Bindungssystem aktiviert, das ihm sagt: Tu alles, um zu verhindern, dass diese Frau sich von dir entfernt. Schließlich ist sie deine Lebensversicherung, und ohne sie bist du nichts. **Dass dieses Kind die Grenzen seines Papas leichter wahren kann als die seiner Mama, hat also nichts mit dessen größerer Klarheit oder besserer Erziehungsmethoden zu tun, sondern schlicht mit unterschiedlichen Bindungsmustern.**

Und das gilt in allen Familien: Für die primären Bindungspersonen ist es unendlich viel schwerer, persönliche Grenzen und Freiheiten hochzuhalten als für sekundäre Bindungspersonen. Und das ist umso anstrengender, auf je weniger Schultern diese Aufgabe lastet. Für uns als Eltern heißt das: Verlieren wir uns nicht in Streitigkeiten darüber, warum das Kind sich an meine Regeln hält und an deine nicht, und glauben wir nicht, dass unser Gegenüber nur alles so machen müsste wie wir, um dasselbe Ergebnis zu erzielen. Sehen wir lieber die Chance, die in den unterschiedlichen Bindungsmustern liegt: Primäre Bindungsperson eines Kindes zu sein ist eine große Ehre, aber auch eine große Anstrengung. Wie gut, dass sekundäre Bindungspersonen uns dabei zumindest partiell unterstützen können und dass unsere Kinder kooperieren, indem sie ihnen diese Aufgabe oft leichter machen als uns. Umgekehrt können die Familienmitglieder, die für ein Kind gerade nicht die erste Geige spielen, nachdem sie ihre Wunden geleckt haben, hoffentlich auch erkennen, was für ein Privileg es sein kann, eine wichtige Bindungsperson zu sein und gleichzeitig leichter für sich selbst und das eigene Wohlergehen sorgen zu können. Dabei sollte die größere persönliche Freiheit jedoch immer auch genutzt werden, um die primäre(n) Bindungsperson(en) zu entlasten. Und zwar nicht, indem man mahnt, doch bitte mal mehr Grenzen hochzuhalten. Sondern indem man dafür Verständnis zeigt, dass Grenzen für unterschiedliche Bindungspersonen zu wahren gegenüber einem Kind sehr unterschiedlich schwer sein kann.

12. KAPITEL

Grenzen ohne Druck und Strafen

»Wie kann ich Grenzen durchsetzen, ohne auf Druck und Strafen zu setzen?« Keine Frage erreicht mich öfter, und ich habe keine Standardantwort darauf. Nur einen Werkzeugkasten voller Ideen, was dabei helfen kann.

Das erste Werkzeug: innere Klarheit

Ich muss wissen, was ich will, und glaubwürdig und authentisch dafür einstehen. Was unsere Kinder mit ihren feinen Antennen wahrnehmen, sind nämlich nicht nur unsere Worte, sondern auch unsere Ausstrahlung dabei. Stehen wir fest mit beiden Beinen auf dem Boden, oder hibbeln wir unsicher herum? Schauen wir ihnen direkt in die Augen, oder meiden wir ihren Blick? Sprechen wir mit ruhiger Stimme, oder klingen unsere Ansagen unsicher und schrill? All das hat Einfluss darauf, wie viel Bedeutung Kinder dem Gesagten beimessen und wie ernst sie es nehmen. Konkret heißt das: Wenn ich eine klare Grenze ziehen will, muss ich mir auch sicher sein, dass ich das darf. Und diese Sicherheit ausstrahlen.

Das zweite Werkzeug: eine persönliche Sprache

Wenn Eltern besonders nett klingen wollen, wählen sie oft ausweichende Formulierungen statt klarer Ansagen.

- × *»Mama, darf ich noch rüber zu Niklas?« – »Du, das finde ich jetzt nicht so eine gute Idee, ich bin mir nicht sicher, ob seine Eltern das jetzt noch wollen, es gibt ja auch bald Abendbrot …«*

Das ist kein Nein. Das ist keine Grenze. Das ist Wischiwaschi. Viele Kinder sind extrem gut darin, solche Zögerlichkeit als Unsicherheit zu erkennen, und beharren dann umso intensiver auf ihrem Wunsch.

Deshalb ist es so wichtig, Grenzen, die uns wirklich wichtig sind, in einer klaren, persönlichen Sprache aufzuzeigen: Indem wir uns die Zeit nehmen, herauszufinden, wie wir wirklich dazu stehen. Und dann »ich« sagen, statt »man« und uns nicht hinter Fragen und Allgemeinplätzen verstecken, sondern klar formulieren, was wir erwarten.

- × *»Mama, darf ich noch rüber zu Niklas?«* – Pause. Einundzwanzig, zweiundzwanzig, dreiundzwanzig.
  »Moment, lass mich einen Augenblick darüber nachdenken.« – Einundzwanzig, zweiundzwanzig, dreiundzwanzig. – *»Du, es ist*

gleich sechs, da gibt es bei Niklas sicher schon Abendbrot. Ich will nicht, dass du da jetzt noch rübergehst. Verabrede dich mit ihm für morgen Nachmittag!«

Das dritte Werkzeug: ein weiter Blick

Wenn unser Kind etwas will oder tut, was wir nicht gut finden, geraten wir oft in Stress. Das sorgt dafür, dass wir eine Art Tunnelblick entwickeln und nur noch zwei mögliche Outcomes sehen: Gewinnen oder Verlieren. Entweder du setzt dich durch oder ich. Das ist der Stoff, aus dem die Machtkämpfe sind.

× *»Ich will aber noch ein Eis!« – »Du kriegst aber keins!« – »Ich will aber!« – »Nein!« – »Doch!« – »Nein!« – »Doch!« – »Ich hasse dich!« – »So, das war's, kein ›Sandmännchen‹ heute Abend!«*

Tränen, Verzweiflung, Wutgebrüll. Stimmung unten, Nachmittag gelaufen. Durch solche Schlagabtausche lernt kein Kind irgendwas. Erst recht nicht, die Grenzen anderer Menschen zu wahren. Was es erlebt, ist ein Gefühl völliger Hilf- und Machtlosigkeit sowie ein Abgestraftwerden für die eigenen Gefühlsregungen. Klar kommt das manchmal vor – auch hier. Aber toll ist es nicht.

Wie also kann es besser gehen? Indem wir ganz bewusst unseren Blick weiten für die Möglichkeiten zwischen Lösung A und Lösung B. Meine Mutter hat mir das bereits als Kind beigebracht. »Es gibt immer mindestens zehn Lösungen, von denen wir auf acht erst mal nicht kommen«, sagte sie zu mir, wenn ich mich mal wieder in einem Konflikt verrannt hatte: »Entweder ich kann Klara zu meinem Geburtstag einladen, dann kommt Irina nicht, oder ich kann Irina einladen, dann sagt Klara ab.« Solche Dinge. Wir überlegten dann gemeinsam: Was gäbe es noch für Möglichkeiten? Zwei Geburtstagspartys vielleicht? Oder eine Partyfrühschicht und eine -spätschicht? Den Konflikt mit beiden ansprechen und einen Kompromiss suchen? Oder ganz anders Geburtstag feiern?

An diese Gespräche denke ich heute oft, wenn ich im Alltag mit meinen Kindern mal wieder das Gefühl habe, mich zwischen zwei Optionen entscheiden zu müssen. So wie neulich, als mein Mann mal wieder auf Geschäftsreise war und mein kleiner Sohn unbedingt mit seiner kleinen Schwester und mir ins Freibad wollte – was ich mir mit zwei abenteuerlustigen kleinen Kindern, die beide noch nicht schwimmen können, alleine nicht zutraute. Ich hatte also das Gefühl, nur zwei Möglichkeiten zu haben: über meine Grenze zu gehen und mit beiden trotz unguten Gefühls alleine zu gehen. Oder meinem Sohn die Grenze aufzuzeigen, dass Schwimmbad so für uns gerade eben nicht möglich ist, und seinen Frust darüber zu begleiten. Was natürlich eine legitime Lösung gewesen wäre. Aber eben keine besonders befriedigende. Also überlegte ich weiter: Was sind die Wege, die ich nicht sehe? Schließlich kam ich auf die Idee, eine Freundin zu fragen, die ebenfalls zwei kleine Kinder hat. »Puh, ich habe mich noch nie ohne meinen Mann mit den beiden ins Schwimmbad getraut«, sagte sie. »Ich auch nicht«, sagte ich. »Aber wenn wir vielleicht zusammen …?«

Wir verständigten uns dann darauf, dass wir uns einen gemeinsamen Freibadbesuch zutrauten – mit der klaren Grenze, dass wir zu zweit mit allen vier Kindern im Kleinkindbereich bleiben würden. Was mein Sohn nicht so super fand, weil er gern auch schon mal mit Schwimmhilfe im größeren Becken unterwegs ist, aber das war der Rahmen: Wir können gehen – unter diesen Prämissen. Und das haben wir gemacht, und es war richtig gut. »Unden« nennen bindungsorientierte Blogger*innen dieses Vorgehen gern: Durch einen neuen Blick Wege finden, aus einem »entweder/oder« ein »und« zu machen und verschiedene Bedürfnisse und Grenzen unter einen Hut zu bringen. Klappt das immer? Nein. Ist es oft einen Versuch wert? Auf jeden Fall!

Das vierte Werkzeug: bewusste Prioritäten

»Choose your battles«, also »Wähle deine Kämpfe«, ist eine beliebte Elternweisheit, die ich eigentlich nicht so gern mag, weil sie so archaisch klingt: Als ob es im Alltag mit Kindern permanent ums Kämpfen ginge und nicht auch ganz viel um Dialog und Kompromisse! Und trotzdem ist an dem Satz natürlich etwas dran: Eine Grenze auch gegen Widerstand hochzuhalten kann sich durchaus nach einem Kampf anfühlen. Zumindest ist es genauso anstrengend. Und es ist weise, sich vorher zu überlegen, bei welchen Themen sich dieser Krafteinsatz lohnt. Und bei welchen nicht. Denn so ungünstig es ist, wenn Eltern gar keine Grenzen hochhalten, so zermürbend ist es, wenn aus jeder Winzigkeit ein riesiger Grenzkonflikt wird. Eltern tun deshalb gut daran, eine Balance zwischen Einsatz und Gelassenheit zu finden, zwischen Grenzenhochhalten und auch mal Lockerlassen. Denn für Kinder sind beide Erfahrungen wichtig: Dass es Regeln gibt, die gelten. Und dass Erwachsene auch mal ein Auge zudrücken können.

Jesper Juul empfahl Eltern deshalb, sich auf drei Grundregeln zu besinnen, die ihnen wirklich, wirklich wichtig sind. Und diese zu schützen und zu verteidigen, selbst wenn es viel Kraft kostet. Und dafür bei anderen Dingen lockerzulassen und darauf zu vertrauen, dass Kinder schon ihren Weg finden, wenn die Rahmenbedingungen – und für Juul waren das vor allem: die Beziehungen innerhalb der Familie – tragen und stützen. Ich muss ehrlich sagen, dass ich nicht sicher bin, ob wir hier in unserem Familienleben wirklich mit nur drei Grundregeln hinkämen. Mein Mann und ich halten schon ein paar mehr hoch. Aber ich finde es einen wichtigen Gedanken, dass wir auch beim Thema Grenzen priorisieren dürfen: Was ist superwichtig, was ist uns so mittelwichtig, und was können wir ehrlich gesagt auch gern unter den Tisch fallen lassen? So stellen wir sicher, dass unsere Kraft im Zweifelsfall in die Auseinandersetzungen geht, die es wirklich wert sind, statt dass wir uns im alltäglichen Klein-Klein so aufreiben.

Das fünfte Werkzeug: Kooperationsfähigkeit

Unsere Kinder sind nicht unsere Feinde. Grundsätzlich liegt es in ihrer Natur, gut mit uns klarkommen zu wollen. Nur klappt das manchmal eben nicht: etwa weil sie erschöpft, traurig oder wütend sind. Weil sie nicht verstehen, was wir von ihnen wollen. Oder weil das, was wir von ihnen erwarten, gerade über ihre eigenen Grenzen gehen würde, und sie deshalb dagegenhalten. In solchen Momenten kann es helfen, ganz bewusst zu schauen, wie wir ihre Kooperationsfähigkeit – die immer da ist, nur manchmal im Verborgenen! – wieder hervorlocken können.

Ein wichtiger Schlüssel dafür ist die Wertschätzung der Kooperation, die sie tagtäglich leisten. So war ich etwa neulich in der Situation, dass ich an einem heißen Sommertag nur eine Wasserflasche auf dem Spielplatz dabeihatte, und zwar die meines sechsjährigen Sohnes. Die meiner kleinen Tochter hatte ich vergessen. Also wollte ich, dass mein Sohn mit ihr teilt. Und er wollte das partout nicht. Ich merkte, wie die Wut in mir aufstieg: Was ist denn das für ein egozentrisches Benehmen, bei 31 Grad der eigenen zweijährigen Schwester einen Schluck Wasser zu verweigern? Doch dann versuchte ich, die Situation aus den Augen meines Sohnes zu sehen. Und sagte danach mit großer Ernsthaftigkeit zu ihm: »Ich sehe, wie es oft schwer für dich ist, ein großer Bruder zu sein. Immer wieder musst du warten, nachgeben oder teilen, weil du eben der Große bist und deine Schwester noch so klein. Und so oft machst du das, ohne zu murren: hältst aus, dass ich erst die Kleine in den Autositz setze und dann erst dir beim Anschnallen helfe, verstehst, dass sie beim Abendessen oft auf meinem Schoß sitzen darf und du nicht, und wenn deine Schwester weint, dann tröstest du sie ganz lieb, auch wenn du eigentlich gerade lieber spielen würdest. Das ist alles schwere Arbeit.« Mein Sohn sah mich an und nickte. »Und manchmal zieht sie mich an den Haaren!«, ergänzte er. »Und dann haue ich sie trotzdem nicht!« »Das stimmt«, antwortete ich. »Das kostet sicher auch viel Kraft.« So sprachen wir eine Weile über die Härten des Großer-Bruder-Seins, und ich drückte ihm meinen ehrlichen Respekt dafür aus, wie viel er in dieser Rolle zu tragen hat. Und dann sagte ich zu ihm: »Ich verstehe, dass du dein Wasser gerade nicht mit ihr teilen magst. Weil du sowieso schon so viel gibst und teilst, und jetzt denkst du: Irgendwann ist auch mal Schluss, oder?« Er nickte. »Ich verstehe das wirklich gut. Und du sollst unbedingt auch Dinge für dich haben. Ich habe nur eben wirklich leider die andere Wasserflasche vergessen, und deine Schwester braucht jetzt was zu trinken. Du bist sozusagen der Einzige, der mir jetzt helfen kann, verstehst du?« Seufzend reichte mein Sohn seiner kleinen Schwester die Wasserflasche. »Danke«, sagte ich. »Du bist mein Held. Du hast uns den Nachmittag auf dem Spielplatz gerettet. Was wäre ich nur ohne dich?« »Eine Vergessmama auf dem Trockenen«, lachte mein Sohn und ging wieder spielen.

Um es ganz klar zu sagen: Immer funktioniert das nicht, auch nicht hier in unserer Familie. Aber allein der Gedanke, die Kooperationsfähigkeit meines Kindes durch echte Wertschätzung wieder herauskitzeln zu können, hat mir schon in vielen Situationen geholfen, nicht wütend und ungerecht, sondern verständnisvoll und zugewandt zu agieren.

Praktische Übung

DEN KOOPERATIONSWILLEN WECKEN

Eine Grenze hochzuhalten klappt gerade mit jungen Kindern oft am besten spielerisch. Typische Stresssituationen, schnell entschärft:

Beim Zähneputzen:

- Nachdem ich dir die Zähne geschrubbt habe, darfst du mir die Zähne schrubben!
- Ich fange die bösen Bakterien mit der Zahnbürste, und du darfst sie in den Ausguss spülen!
- Du guckst ein Baggervideo, und ich putze!
- Ich entscheide, dass zweimal am Tag die Zähne geputzt werden – du entscheidest, wann und wo das passiert.

Unterwegs:

- Komm, wir machen ein Wettrennen!
- Kannst du auf dem Weg zum Kindergarten auf keine einzige Ritze treten?
- Wollen wir noch einen Umweg über den Spielplatz machen?
- Lass uns alle Stufen zählen!
- Wollen wir die Treppen mal rückwärts hochgehen?

- Kannst du schon freihändig hier drauf balancieren?
- Wer findet zuerst was Grünes, was Rotes, was Blaues und was Gelbes auf dem Weg?

Beim Essen:

- Wir bleiben alle sitzen, bis das Hörspiel zu Ende ist. Magst du eines aussuchen?
- Wollen wir heute probieren, alle mit Teelöffel und Kuchengabel zu essen?
- Wollen wir heute mal tauschen - du den großen Porzellanteller, ich deine bunte Schüssel?

Beim Waschen:

- Wer kann zwischen den eigenen Händen mehr Schaum machen?
- Wer schafft es, mit dem Mund einen Apfel aus dem mit Wasser gefüllten Becken zu schnappen?
- Wie viele mit Wasser getränkte Waschlappen kannst du auf deinem Gesicht balancieren?
- Wer kriegt die höchste Schaumfrisur hin?
- Hast du schon mal versucht, die schräge Seite der Badewanne als Rutsche zu benutzen?
- Kannst du mit diesem Sieb als Kescher die Badebombe angeln, bevor sie sich auflöst?

Fünf Werkzeuge
für Grenzen
ohne Druck und
Strafen

1. *innere Klarheit*
2. *eine persönliche Sprache*
3. *ein weiter Blick*
4. *bewusste Prioritäten*
5. *Kooperationsfähigkeit.*

Zwischen kontrolliertem Nachgeben und zugewandtem Durchsetzen

»Herrgott, nun komm endlich, ich friere hier gleich fest! Wegen dir komm ich jetzt wieder in Stress mit dem Abendbrot, und fürs Fernsehen haben wir erst recht keine Zeit mehr. Du brauchst gar nicht zu heulen – selbst schuld, wenn du nicht kommst, wenn ich es sage. Sonst können wir nachmittags halt nicht mehr zum Spielplatz gehen!« Ich kann nicht zählen, wie oft ich am frühen Abend bereits solchen ungeduldigen Schimpftiraden auf dem Spielplatz beigewohnt habe. Und ich kann die Eltern, die irgendwann angesichts trödelnder Kinder so die Nerven verlieren, wirklich gut verstehen. Es ist sauanstrengend, den eigenen Nachwuchs permanent so antreiben zu müssen, und viel zu oft gehen wir dabei weit über unsere eigenen Wohlfühlgrenzen und haben dann schlicht keine Kraft mehr für ausufernde kooperative Versuche, unser Kind zum Losgehen zu bewegen. Wir wollen einfach nur noch nach Hause.

Das Problem ist nur: Wenn wir unsere Kinder so anmeckern, dass wir wegen ihnen spät dran sind und sie deshalb nun ausbaden müssen, was wir alles nicht mehr in Ruhe schaffen, schanzen wir ihnen die Verantwortung für die Situation zu – und suhlen uns selbst in der Opferrolle. Und das ist nicht fair. Denn es ist nicht die Aufgabe unserer Kinder, Sorge dafür zu tragen, dass in unseren Tag alles hineinpasst, was ihnen wichtig ist. Zeitmanagement ist ein Erwachsenenjob, Kindern fehlt jegliche Kompetenz dafür – erst in der Pubertät entsteht allmählich die Fähigkeit, den eigenen Tagesablauf eigenverantwortlich zu planen und zu gestalten. Wenn wir unseren Kindern also Schuldgefühle dafür machen, dass wir ihretwegen jetzt wieder in Stress kommen und das Essen runterschlingen müssen und keine Zeit fürs Sandmännchen haben, dann ist das schlicht Frustabbau und emotionale Erpressung. Wir sind sauer, weil es so anstrengend ist, und wollen, dass unser Kind das mitkriegt und sich schuldig daran fühlt – hätte es nicht so getrödelt, wäre es schließlich pünktlich. Wir denken, dass es aus dieser Schuldzuweisung vielleicht etwas lernt und sich nächstes Mal mehr beeilt. Doch das ist ein problematischer Ansatz: Kinder, die fürs Trödeln abgestraft werden, entwickeln nämlich häufig eine geradezu panische innere Unruhe und lassen sich gar nicht mehr richtig aufs Spielen ein, um bloß nicht darin zu versinken und die Zeit aus den Augen zu verlieren und Ärger zu bekommen – und das nimmt ihnen einen ganz wichtigen Entwicklungs- und Erfahrungsraum.

Was deutlich fairer ist, ist das so genannte »kontrollierte Nachgeben«. Das heißt: Wenn mein Plan mit dem meines Kindes kollidiert, komme ich ihm entgegen – aber bewusst. Das heißt: Ich sage etwa »Okay, noch dreimal rutschen« oder »Gut, noch zehn Minuten!« und achte dann darauf, dass diese Ansage auch wirklich eingehalten wird, anstatt schwammig von »Na gut, aber nicht mehr lange« zu reden und mich dann genervt zu fühlen, wenn mein Kind nicht kommt.

Wann immer es also darum geht, einen Zeitplan einzuhalten oder das pünktliche Ankommen irgendwo zu garantieren, muss klar sein: Die Verantwortung dafür liegt zu hundert Prozent bei uns Eltern. Genau, wie wenn es um die Gesundheit und Sicherheit unserer Kinder geht – oder die anderer Menschen. Stehen wir so klar in der Verantwortung, macht uns das handlungsfähig, auch dann, wenn es schwierig wird und alle kooperativen Ansätze ins Leere laufen. Denn je nach Lebenssituation und Temperament des Kindes wird es immer wieder Momente geben, in denen das geduldige Begleiten und das freundliche Locken zurück in die Kooperationsfähigkeit alleine nicht ausreichen, um unsere Kinder dazu zu kriegen, dass sie tun, was wir jetzt gerade von ihnen brauchen.

Über dieses Thema wird in der zeitgenössischen bindungsorientierten Literatur wenig gesprochen. Aus nachvollziehbaren Gründen: Es ist sehr viel angenehmer, davon zu erzählen, wie schön es ist, gemeinsam mit Kindern kooperative Lösungen zu finden (wie die mit der Wasserflasche), als darüber zu sprechen, dass es im Familienleben auch zu Situationen kommen kann, in denen ich als Elternteil gefühlt mit dem Rücken an der Wand stehe, weil mein Kind sich einfach verweigert – sei es beim Zähneputzen, beim Anschnallen im Kindersitz oder eben auch beim Nachhausegehen vom Spielplatz. Es gibt Menschen, die sagen: Dann haben Eltern eben Pech gehabt. Der Grundsatz der Gewaltfreiheit gilt immer und überall, und ein Kind gegen seinen Willen festzuhalten, anzuschnallen, hochzunehmen oder wegzutragen ist Gewalt. Und ich finde es richtig und wichtig, dass wir in den vergangenen Jahren dazu übergegangen sind, solche Übergriffe aus Verzweiflung, Hilflosigkeit oder Mangel an Alternativen als das zu bezeichnen, was sie sind: gewaltvolle Handlungen in dem Sinne, dass hier körperliche Überlegenheit eingesetzt wird, um einen Menschen dazu zu bringen, etwas zu tun, was dieser nicht will. **Das ist keine Kleinigkeit und sollte auch nicht als eine solche behandelt werden.** Nur: Ich glaube auch, dass es im Familienleben Situationen geben kann, in denen Eltern keine andere Möglichkeit mehr haben, verantwortungsvoll zu handeln. Marshall Rosenberg hat in diesem Zusammenhang den Begriff der »schützenden Gewalt« geprägt, der anerkennt, dass ein Akt gleichzeitig gewaltvoll und notwendig sein kann.

Ein besonders drastisches Beispiel dafür hat mein Großvater erlebt, der als junger Mann einen Freund vor dem Ertrinken rettete. Dieser ruderte vor Angst so wild mit seinen Armen und Beinen, dass mein Großvater ihn kaum zu fassen bekam. Also versetzte er ihm mitten im See eine schallende Ohrfeige und nutzte den Schockmoment, um nach dem Ertrinkenden zu greifen und ihn mit kräftigen Schwimmzügen ans sichere Ufer zu ziehen. Was zeigt: Schützende Gewalt kann im Zweifelsfall Leben retten – wie jeder weiß, der schon einmal ein übermütiges Kind mit einem beherzten Griff davon abgehalten hat, vor ein Auto zu laufen. Darüber, dass in solchen lebensgefährlichen Situationen auch drastische körperliche Grenzverletzungen legitim sind, wird in Elternkreisen auch nicht diskutiert. **Die Diskussion beginnt vielmehr da, wo ein körperliches Durchsetzen zwar eine gewisse Notwendigkeit hat – aber eben keine unmittelbar akut lebensrettende.** Darf ich ein Kind zwingen, sich im Auto anzuschnallen, oder kann ich im Zweifelsfall halt nicht Auto fahren? Darf ich ein Kind festhalten, um ihm die Zähne zu putzen, oder muss ich im schlimmsten Fall eben damit leben, dass es Karies bekommt? Und habe ich das Recht, ein Kind vom Spielplatz nach Hause zu tragen, wenn es partout nicht gehen will und ich die Kälte nicht mehr aushalte? Letztlich stellen uns all diese Fragen vor moralische Dilemmata, in denen wir mehrere Güter gegeneinander abwägen müssen: das Selbstbestimmungsrecht unseres Kindes und unseren Schutzauftrag als Eltern, unser eigenes Selbstbestimmungsrecht gegen das Recht unseres Kindes auf ein gewaltfreies Großwerden, unseren Anspruch, die Grenzen unseres Kindes zu wahren, mit dem Anspruch, auch gut auf unsere eigenen Grenzen zu achten. Was macht man da? **Man wägt ab, nach bestem Wissen und Gewissen und immer wieder neu mit dem Anspruch, möglichst wenig Leid zu verursachen – und zwar sowohl bei unseren Kindern als auch bei uns selbst.**

Ich erlebe es oft, dass Eltern sich von mir als Familienexpertin eine Art Legitimation für konkrete Übergriffe in ganz bestimmten

Situationen wünschen. Dass ich also zum Beispiel sage: »Ein Kind zum Essen zu zwingen ist nie okay. Ein Kind zum Zähneputzen zu zwingen ist aber okay, weil es da um seine Gesundheit geht.« Oder so. Und ich verstehe dieses Bedürfnis nach moralischer Entlastung. Aber: Ich kann dieses Spannungsfeld, das aus kollidierenden Ansprüchen und Werten entsteht, nicht für andere auflösen. Ich bin nicht die Grenzenpäpstin. Alles, was ich tun kann, ist, davon zu erzählen, dass auch ich als Advokatin gewaltfreier Erziehung in Situationen komme, in denen ich mich dafür entscheide, meine körperliche Überlegenheit meinen Kindern gegenüber einzusetzen – und zwar nicht nur, wenn es um Leben und Tod geht. Ich tue das nie leichtfertig und nie gern, aber durchaus mit innerer Klarheit und einem reinen Gewissen: weil ich für mich zu dem Schluss gekommen bin, dass es zu den evolutionär schon immer in der Eltern-Kind-Beziehung angelegten Zumutungen gehört, manchmal auch mittels meiner körperlichen Überlegenheit als Erwachsene dafür zu sorgen, dass in unserer Familie alle bekommen, was sie brauchen. Und nicht nur derjenige, der am lautesten schreit.

Die Strategie, die ich anwende, wenn nichts mehr geht, nenne ich zugewandtes Durchsetzen. Das heißt: Ich setze mich bewusst und klar über den Willen meines Kindes hinweg, weil ich entschieden habe, dass dafür die Notwendigkeit besteht – und bleibe dabei die ganze Zeit über mit ihm liebevoll und zugewandt in Verbindung. Konkretes Beispiel: Mein Kleinkind will sich partout nicht im Auto anschnallen lassen. Ich habe schon Verschiedenes probiert – es darf ein Kuscheltier mitnehmen, es darf sich selbst anschnallen, es durfte schon ein wenig im Auto herumklettern –, aber jetzt drängt die Zeit, weil ich ein anderes meiner Kinder zu einem wichtigen Arzttermin fahren muss und das Kleinkind natürlich nicht allein zu Hause lassen kann. Also halte ich mein Kleinkind fest und sage zu ihm mit großer Klarheit und Freundlichkeit: »Ich sehe, du willst gerade nicht in deinen Sitz. Das verstehe ich. Und ich bin deine Mama und habe entschieden, dass du jetzt in deinem Sitz angeschnallt wirst, damit wir pünktlich loskommen.« Und dann setze ich mein Kind mit exakt so viel Kraft, wie dafür nötig ist, in seinen Sitz und schnalle es an. Dabei achte ich sehr genau darauf, vor Wut oder Stress nicht grob und ungeduldig zu agieren und vor allem mein Kind nicht dafür zu beschimpfen, dass es sich so sperrt und mir damit das Leben so schwer macht. Stattdessen benenne ich, was passiert: »Du willst nicht angeschnallt werden, das verstehe ich. Doch ich schnalle dich jetzt an, weil ich deine Mama bin und will, dass du sicher bist.« Dass ein kleines Kind in einer solchen Situation tobt, schreit und sich windet, ist kein Ungehorsam und kein Trotz, sondern im Grunde genommen ein gutes Zeichen: **Es weiß, dass es in seinem Leben nicht normal ist, dass ein Erwachsener sich einfach über sein Nein hinwegsetzt.** Und protestiert entsprechend, wenn es passiert.

Es gibt meines Wissens keine Studie, die je untersucht hätte, wie sich solch zugewandtes Durchsetzen auf die kindliche Entwicklung auswirkt. Insofern kann ich nicht evidenzbasiert sagen, was diese seltenen, aber durchaus vorkommenden Erfahrungen mit meinen Kindern und all den anderen Kindern, die sie immer wieder erfahren, machen. **Doch meine tiefe Überzeugung ist, dass unsere Kinder sehr gut spüren, mit welcher Haltung wir welche Handlung vollziehen – und ob wir dabei zugewandt und empathisch oder wütend und distanziert agieren.** Wenn ich mit Erwachsenen über übergriffige und gewaltvolle Erfahrungen aus ihrer Kindheit spreche, sind diese praktisch immer mit seelischer Gewalt verknüpft. »Einmal wollte ich nicht vom Spielplatz nach Hause gehen, da hat mich mein Vater irgendwann einfach geschnappt und unter den Arm geklemmt wie ein Surfbrett«, erzählte mir einmal eine Mutter. »Als ich weinte und schrie, packte er nur immer fester zu und stapfte wütend nach Hause. Als ich ihm sagte, dass sein harter Griff mir wehtue, entgegnete er nur: Das geschieht dir ganz recht, wenn du so ein Theater machst. Schließlich setzte er mich kurz vor der Haustür unsanft ab, und ich lief weinend hinein. Er sprach den ganzen Abend kein Wort mehr mit mir.« **Das ist ein Beispiel für körperliche wie seelische Gewalt, die absolut niemals vorkommen darf.** Mit zugewandtem Durchsetzen hätte die Situation völlig anders ausgesehen: Das kleine Mädchen hätte ein angemessenes Kooperationsangebot bekommen mit der klar formulierten Erwartung, jetzt gemeinsam nach Hause zu gehen. Hätte sich das Kind dann völlig verweigert und hätte der Vater das sehr dringende Bedürfnis verspürt, trotzdem nach Hause zu gehen, hätte er sein Kind festhalten müssen und sagen: »Hör zu, ich weiß, du willst noch hierbleiben, aber ich werde dich jetzt nach Hause tragen. Ich nehme dich jetzt hoch.« **Zugewandtes Durchsetzen lebt davon, nie mehr körperliche Kraft aufzuwenden als unbedingt notwendig und peinlichst genau darauf zu achten, dem Kind möglichst nicht wehzutun.** Dazu gehört, ein kleines Kind körpernah zu tragen, es so festzuhalten, dass es ihm nicht wehtut, und beruhigend und freundlich mit ihm zu sprechen, selbst wenn es kickt und weint und tobt und schreit. »Ich weiß, das ist jetzt schwer für dich. Ich bin für dich da. Gleich sind wir zu Hause. Alles ist gut. Gleich sind wir zu Hause. Ich weiß, das ist schwer. Das tut mir so leid. Jetzt gehen wir nach Hause.« Dabei kommt es weniger auf die Worte an als auf die Verbindung, die Kinder in diesem Moment spüren. **Und darauf, dass wir als Erwachsene ganz klar die Verantwortung in diesen Momenten übernehmen, statt sie unseren Kindern zuzuschieben.** Nicht sie sind schuld, dass die Situation gerade so anstrengend ist. Wir tragen die Verantwortung, weil wir uns dazu entschieden haben, uns jetzt zugewandt durchzusetzen.

Welche Situationen genau dieses beherzte Vorgehen rechtfertigen und wie oft diese im Familienleben vorkommen dürfen – diese Frage wird mir häufig gestellt, und ich habe keine Antwort darauf. Ich kenne Eltern, die ein regulationsstarkes Einzelkind haben und sehr flexible Jobs und die sich in ihrer gesamten fünfjährigen Elternschaft noch nie zugewandt durchsetzen mussten, weil sie immer irgendwie einen anderen Weg gefunden haben. Und ich kenne Eltern, die haben gefühlsstarke Zwillinge und noch ein älteres chronisch krankes Kind mit vielen Therapieterminen, und sie müssen sich jeden Tag mehrfach zugewandt durchsetzen, obgleich sie hundertmal öfter auf kooperative Lösungen und kontrolliertes Nachgeben setzen.

All das zeigt: Wie oft oder selten wir uns als Eltern auch gegen den Willen unserer Kinder durchsetzen, sagt wenig über unsere Qualitäten als Eltern aus und viel über unser Leben und seine verschiedensten Stresspunkte und Sachzwänge. Und ich bin überzeugt: Wenn wir unsere Kinder zugewandt und verantwortungsbewusst da hindurch begleiten, nehmen sie davon keinen Schaden.

Zum Schluss: Nein aus Liebe

Veränderungen im Familiensystem passieren nicht über Nacht. Sie sind langwierige Prozesse, die wir oft kaum bemerken, obgleich sie eine ungeheure Wirkung entfalten. So ist das auch mit dem Einziehen und Anpassen von Grenzen in unserem Familienleben: Wir können das nicht einmal machen und sind dann für immer damit durch. Grenzen zu spüren, zu zeigen und zu wahren ist eine tägliche Aufgabe, ein ständiger Bestandteil unseres Miteinanders. Das mag für viele Eltern etwas entmutigend klingen: Heißt das, wir sind mit diesen ganzen Ja-Nein-Doch-Diskussionen niemals fertig? Werden wir unsere Grenzen verteidigen müssen, bis wir alt und grau sind?

Deshalb an dieser Stelle die entlastende Botschaft: Ja, Grenzen sind ein Lebensthema – aber in keiner Lebensphase fordern sie uns so heraus und kosten uns so viel Kraft wie in jenen Jahren, in denen wir kleine und mittelgroße Kinder ins Leben begleiten. Denn während Erwachsene für sich selbst verantwortlich sind und es nicht unsere Aufgabe ist, den emotionalen Umgang unseres erwachsenen Gegenübers mit unserer eigenen Grenze zu verhandeln, haben wir als Eltern von Kindern, die dazu alleine noch nicht in der Lage sind, immer einen anstrengenden Spagat zu bewältigen: Wir müssen Grenzen hochhalten und wahren – und gleichzeitig die emotionalen Folgen dieser Entscheidung abfedern und auffangen. Das ist es, was das Grenzenwahren in unserer jetzigen Lebensphase so unglaublich aufreibend und anstrengend macht. Und, das ist die gute Nachricht: Das bleibt nicht so. Denn wenn unsere Kinder erwachsen werden, verändert sich ihr Gehirn und damit ihr Denken, Fühlen und Handeln. Nach und nach entwickeln sie die Fähigkeit, selbst einen guten Umgang mit Grenzen zu finden – und zwar mit ihren eigenen ebenso wie mit denen anderer Menschen. Uns als guten Vorbildern dabei zuschauen zu können, wie wir das machen, hilft immens bei diesem Prozess. Und dann, oft in der Zeit der abklingenden Pubertät, merken wir, wie auf einmal alles leichter wird. Der Alltag fühlt sich nicht mehr an wie ein permanentes Ringen um einfachste Regeln und deren Einhaltung, sondern wie ein Miteinander, bei dem einer auf den anderen schaut. Wo Grenzen gewahrt werden, weil wir sie zeigen – und nicht, weil wir bereit sind, sie mit Zähnen und Klauen zu verteidigen. Doch der Weg dahin ist lang, und wenn man mittendrin steckt in den turbulenten Kinderjahren, kann er sich manchmal schier endlos anfühlen. Doch das ist er nicht. Das Bewusstsein unserer Kinder für Grenzen und deren Bedeutung wächst mit jedem Lebensjahr und mit jeder Konfliktsituation, in der wir für unsere Belange eingestanden haben, ohne unser Kind dabei zu beschimpfen, zu beschämen oder zurückzuweisen. **Grenzen wachsen in Verbindung, und aus einer tiefen Verbindung erwächst der Respekt für Grenzen – das ist das Spannungsfeld, in dem wir uns dabei bewegen.** Und es ist normal, dass es sich manchmal anfühlt, als würden wir darin zerrissen. Und es ist nur menschlich, uns immer wieder zu fragen, ob es uns nicht ohne Grenzen doch besser ginge: als seelenlose Bedürfniserfüllungsautomaten ohne eigene Sehnsüchte und Wünsche, das eigene Ich für ein paar Jahre einfach zurückgestellt, bis wieder Kraft und Raum dafür da ist.

Doch so gut ich diesen Gedanken verstehen kann, möchte ich Eltern doch Mut machen, im Rahmen ihrer Lebenssituation und ihrer Möglichkeiten aufzustehen und einzustehen für das, was sie brauchen, damit es ihnen gut gehen kann. **Denn unsere Kinder wünschen sich keine Eltern, die sich selbstlos für sie aufopfern.** Sondern Eltern, die mit ihrem Leben zufrieden und gern mit ihnen zusammen sind. Dafür nehmen sie so manchen Frust in Kauf – auch wenn es in dem Moment zugegebenermaßen nicht danach aussieht. Wartet also nicht auf den perfekten Zeitpunkt, um mit dem Einziehen eurer persönlichen Grenzen anzufangen. Ihr wisst schon: Dann, wenn die Kinder älter und die Nächte besser sind, wenn das Stillen nicht mehr so viel Kraft kostet und die Partnerschaft sich wieder erholt hat. Sondern legt jetzt damit los, Schritt für Schritt: **spüren – zeigen – wahren.** Wahrnehmen, wo die eigenen persönlichen Grenzen liegen. Tief durchatmen. Und sie dann hochhalten, so liebevoll und klar, wie es irgend möglich ist.

Der Unterschied wird nicht sofort zu merken sein. Aber bald.

Denn es stimmt wirklich: **Jede klar gezogene Grenze ist ein Ja zu uns selbst.** Ein Zeichen von Selbstliebe in einer Lebensphase, in der sich sonst alles um die Liebe zu unserem Kind dreht. Ein Gegengewicht zum Aufopfern und Zurückstellen. Ein schützender Zaun, der nicht einengt, sondern Halt gibt. Unseren Kindern. Und uns selbst.

Du darfst
deine
eigenen Grenzen

- spüren
- zeigen
- wahren.